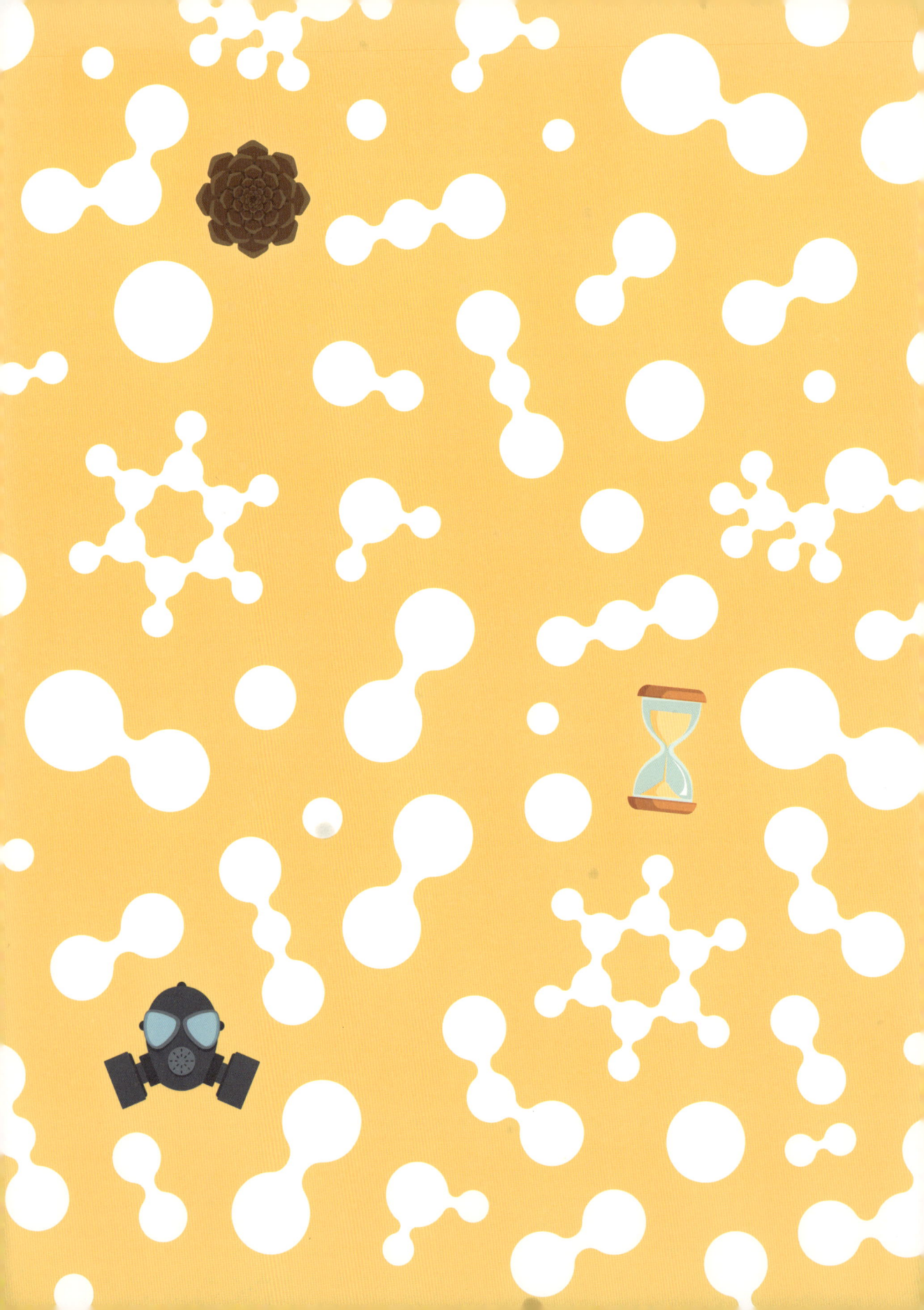

우주에는
환상적인 사실과 숫자들이
날뛰고 있어! ❸

No Way! The Wildest Mind-Blowing Facts in the Universe
by Dan Marshall
First published by Pantera Press Pty Limited.
Copyright © 2021
All rights reserved.
This Korean edition was published by to EK BOOK, INC., in 2023
under license from Pantera Press Pty Limited
arranged through Hobak Agency.

이 책은 호박 에이전시(Hobak Agency)를 통한 저작권자와의 독점계약으로 이케이북㈜에서 출간되었습니다.
저작권법에 의해 한국 내에서 보호를 받는 저작물이므로 무단 전재와 복제를 금합니다.

우주에는 환상적인 사실과 숫자들이 날뛰고 있어!

댄 마샬 지음 · 김지원 옮김

③ 과학과 수학

이케이북

반가워

모두 반가워,

내 이름은 클라우스야.
지식 교육 및 설명 시스템이지.
네가 이 책을 들고서
짜릿한 여행을 떠나기로 결심해서
난 정말이지 굉장히 기뻐!

이 책에는 우리 주변의
기이하고 경이로운 세상에 관한
놀라운 사실들이 굉장히 많아.
너에게 이 사실들을 알려주고,
또 네가 다른 사람들에게 이런 걸 알려주길
난 굉장히 기대하고 있어!
서로 나눈다는 건 애정의 표현이거든.

네가 흥미진진하고 새로운 사실들을
머릿속에 가득 집어넣기 위해서는
뇌를 열심히 혹사하는
꽤나 힘든 작업이 필요할 거야.
하지만
생각보다 흥미로울 거고
네가 이 우주를 탐험할 동안
내가 항상 옆에서 도와줄 거야!

좋았어, 이제 가보자!

차례

반가워
4

**1부
과학**

- 바나나는 방사성이고 걸을 수 있어 12
- 1초에 65,000,000,000개의 중성미자가 우리 손톱을 통과하고 있어 14
- 뜨거운 물이 찬물보다 빨리 얼어 16
- 우주 반대편에 있는 2개의 입자는 즉시 서로에게 영향을 줄 수 있어 18
- 원자폭탄은 컬러 텔레비전보다 20년 먼저 만들어지고 터졌어 20
- 빛의 속도에서는 시간이 멈춰 22
- 모든 물체는 같은 속도로 떨어져 24
- 자전거는 혼자서 달릴 수 있어 26
- 인생이 우리에게 레몬을 준 게 아니라 우리가 만든 거야 28

- 10억 명의 목숨을 구한 사람 **30**
- 대부분의 빛은 우리 눈에 보이지 않아 **32**
- 무거운 물체는 시간과 공간의 구조를 왜곡해 **34**
- 우린 컴퓨터 시뮬레이션 속에 사는지도 몰라 **36**
- 천연두는 인간이 유일하게 박멸한 질병이야 **38**
- 물속에 레이저를 가둬놓을 수 있어 **40**
- 세계의 플라스틱 중 9%만 재활용돼 **42**
- 바이러스는 바이러스 안에도 들어가 **44**
- 얼음으로 불을 지필 수 있어 **46**
- 빛은 그림자가 없어 **48**

**2부
수학**

- 수학은 발명된 것이면서 발견된 것이기도 해 52
- 탱그램은 수학 실력을 키워줘 54
- 피자는 라지가 옳아 56
- 자연계에도 숫자의 패턴이 숨겨져 있어 58
- 선을 4개만 그어서 점을 모두 연결할 수 있을까? 60
- 프랙탈은 끝이 없어 62
- 외계인을 찾기 위한 방정식이 있어 64
- 이 수열에서 다음 숫자는 뭘까? 66
- 카드 한 벌을 섞은 다음 나오는 카드의 순서는 이 우주의 역사상 이전에 단 한 번도 나온 적이 없어 68

- 개기일식은 수학적 행운 덕분에 일어나 **70**
- 여기에 삼각형이 모두 몇 개 있을까? **72**
- 100만, 10억, 1조는 그 크기가 완전히 달라 **74**
- 백분율을 계산하는 건 생각보다 쉽다고 **76**
- 빠진 숫자는 뭘까? **78**
- 불가능한 계단 **80**
- 매미는 소수를 사용해 **82**
- 어떤 숫자들은 우주보다도 더 커 **84**

1부 과학

과학

바나나는 방사성이고

맛있는 바나나를 먹을 때마다 우리는 방사능에 노출되고 있어! 그렇다고 바나나를 버릴 필요는 없어. 바나나에 든 아주 적은 양의 포타슘이 방사성일 뿐이고, 바나나 하나에서 나오는 방사능의 양은 아주 적으니까. 사실 바나나의 방사능 수치는 우리가 단지 지구에 사는 것만으로 노출되는 양보다도 작아.

바나나는 0.1시버트

방사능이 인체에 미치는 피해의 양을 측정하기 위해서 과학자들은 시버트라는 단위를 사용해. 이걸 넣어서 설명하자면, 바나나 하나를 먹는 건 0.1시버트야.

 0.1시버트

공항 보안 검색대에서 발생하는 방사능은 0.25시버트야. 바나나 2개 반을 먹는 것과 같은 양이지.

걸을 수 있어

바나나는 방사성일 뿐만 아니라 바나나가 열리는 나무는 걸을 수 있어! 이 나무들은 40센티미터쯤 움직일 수 있지. 하지만 걱정하지 마. 이건 자연적으로 일어나기보다는 나무를 어떤 식으로 키우느냐에 달린 일이거든.

바나나는 싹 2개를 이용해서 키워. 싹 하나는 즉시 사용하고, 다른 하나는 바나나가 열릴 때까지 약 7개월 정도 그냥 자라게 놔둬. 싹들은 자라는 동안 땅에서 이동해. 무슨 말이냐 하면, 오랜 시간에 걸쳐서 식물 전체가 자기 힘으로 원래 자리에서 다른 곳으로 옮겨간다는 뜻이야!

치과 엑스선은 5시버트야. 바나나 50개를 먹는 것과 똑같아.

방사능의 치사량은 1000만 시버트야. 방사능으로 죽으려면 바나나 1억 개를 먹어야 하지. 물론 그전에 배가 터져서 죽을걸!

과학

1초에 65,000,000,000개의 중성미자가 우리 손톱을 통과하고 있오

10mm
10mm

10mm
10mm

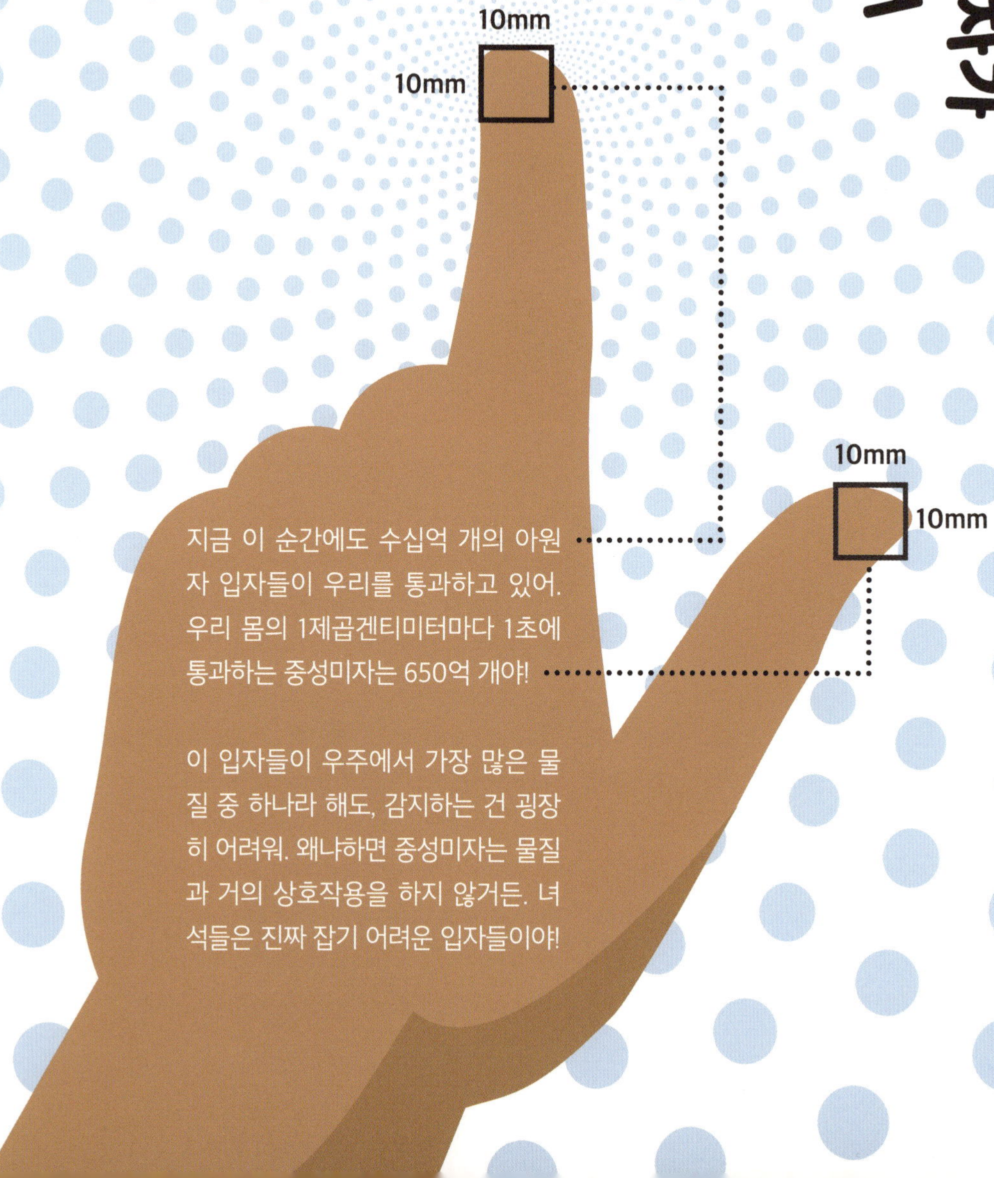

지금 이 순간에도 수십억 개의 아원자 입자들이 우리를 통과하고 있어. 우리 몸의 1제곱센티미터마다 1초에 통과하는 중성미자는 650억 개야!

이 입자들이 우주에서 가장 많은 물질 중 하나라 해도, 감지하는 건 굉장히 어려워. 왜냐하면 중성미자는 물질과 거의 상호작용을 하지 않거든. 녀석들은 진짜 잡기 어려운 입자들이야!

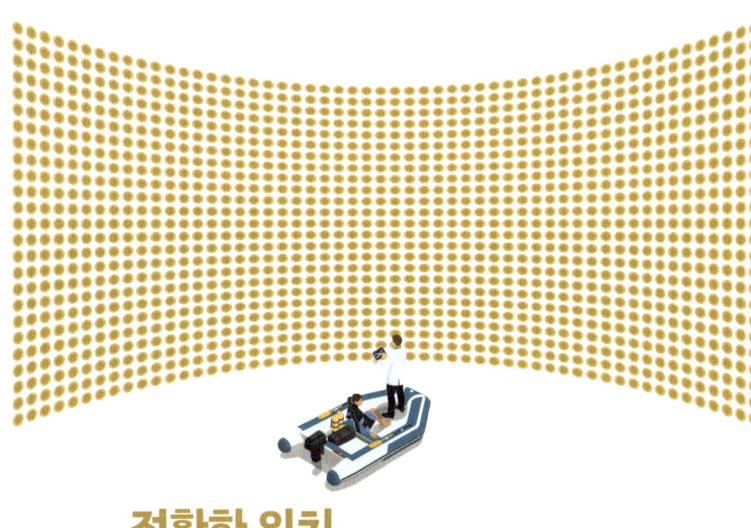

정확한 위치

중성미자는 감지하기 어렵긴 해도 불가능하지는 않아. 일본의 이케노산 지하 1000미터 지점에 슈퍼-가미오칸데 감지기가 있어. 여기에는 5만 리터의 초정수와 중성미자의 신호를 정확히 찾을 1만 3000개의 센서가 들어 있지.

속도광

중성미자에는 질량이 거의 없지만, 그렇다고 속도가 느리지는 않아. 중성미자는 빨라. 엄청 빨라. 이 입자들은 거의 빛의 속도로 우주를 가로지르고 행성들을 뚫고 지나가!

유령 같은 입자

중성미자는 종종 '유령 입자'라는 별명으로 불리곤 해. 이건 중성미자가 질량이 거의 없고 다른 힘과 상호작용을 하지 않기 때문이야.

자연에서 태어나

중성미자는 자연계에서 여러 반응에서 만들어져. 태양의 핵반응, 지구에서 입자의 붕괴, 별이 초신성이 되었다 폭발할 때. 인간도 입자 가속기와 원자력 발전소에서 중성미자를 만들지!

과학

뜨거운 물이 찬물보다 빨리 얼어

지금쯤이면 인간이 물을 얼리는 일처럼 간단한 일에는 도사가 되었을 거라고 생각하지? 하지만 알고 보니까 우리는 아직도 배울 게 많더라고! 뜨거운 물이 차가운 물보다 식는 데 더 오래 걸릴 거고, 그러니까 어는 데도 더 오래 걸릴 거라고 생각하는 건 지극히 당연해. 하지만 실제로는 그 반대야! 특정 조건에서 뜨거운 물은 찬물보다 더 빨리 얼어!

숙제하다 발견했어

뜨거운 물이 더 빨리 어는 기묘한 현상을 에라스토 음펨바의 이름을 따서 음펨바 효과라고 해. 음펨바는 1963년에 학교 과제로 아이스크림을 만들다가 크림과 설탕을 끓여 만든 뜨거운 혼합물이 미리 혼합물을 식힌 친구들의 것보다 훨씬 빨리 언다는 걸 알게 됐어.

다섯 가지 가설

뜨거운 물이 찬물보다 빨리 어는 이유는 수수께끼지만, 몇 가지 가설은 있어.

뜨거운 비커는 가장자리의 얼음을 녹여서 단열 효과가 사라지는 반면에 찬물을 넣은 비커 주변에 생긴 얼음은 열을 보존하는 걸 도와줘서 냉동 과정의 속도를 늦출 수 있어.

찬물에는 뜨거운 물보다 기체가 더 많이 녹아 있어서 냉동 속도에 영향을 줄 수도 있어.

물은 가끔 0도가 아니라 더 낮은 온도에서 얼면 얼기 전에 과냉각되기도 해. 뜨거운 물은 찬물보다 과냉각을 덜 겪기 때문에 더 빨리 어는 거야.

뜨거운 물은 증발하면서 물 분자를 더 많이 잃어서 얼려야 하는 분자의 수가 더 적어져.

뜨거운 물에서는 대류 효과가 더 커져서 더 빨리 어는 거야. 물은 표면과 옆면이 주로 차가워져. 그래서 찬물은 가라앉고 따뜻한 물이 위로 올라오는 거야. 뜨거운 물에서는 이런 대류가 더 많이 일어나기 때문에 냉각 속도에 영향을 줄 수 있어.

어떤 사람들은 음펨바 효과가 말도 안 된다고 주장해. 왜냐하면 이 현상이 일어나는 조건을 반복하기가 굉장히 어렵거든. 하지만 한 가지는 확실해. 이렇게 세월이 흘러도 여전히 물은 우리를 놀라게 만든다니까!

산꼭대기처럼 높은 곳에서 물을 끓여본 적 있어? 그럴 때 물은 훨씬 빨리 끓어. 고도가 높아질수록 대기압이 낮아지기 때문이야.

3개가 만나는 곳

물이 고체, 액체, 기체 상태를 동시에 가질 수 있다는 거 알아? 이건 '삼중점'이라고 하는데 고체, 액체, 기체의 상전이 곡선이 서로 만나는 지점이고, 온도와 기압이 딱 적당할 때 생겨. 물의 삼중점은 얼기 직전인 0.01도에 압력은 0.006기압일 때야.

과학

우주 반대편에 있는 2개의 입자는 즉시 서로에게 영향을 줄 수 있어

양자역학은 우리 우주를 이루는 원자, 광자, 전자를 비롯한 다른 입자들의 굉장히 이상한 행동을 설명하는 과학 분야야. 이건 물리학에서도 아주 작은 것들에 집중하는, 그야말로 머리가 터질 것 같은 학문이지. 이 입자들은 너무 작아서 특수 현미경과 카메라로만 관찰할 수 있다니까!

양자 얽힘은 양자역학에서 연구하는 현상이야. 레이저빔이 수정을 통과할 때 광자 하나가 분열해서 한 쌍의 얽힌 광자가 돼. 놀랍게도 이 두 입자는 서로 연결을 유지해서 한쪽의 입자를 측정한다거나 하면 다른 쪽에도 영향을 미쳐. 이 반응은 입자가 아무리 멀리 떨어져 있어도 계속 일어나. 심지어는 우주 저편 수십 광년을 떨어져 있어도 말야!

양자의 과속 운전

양자 얽힘에서 영향을 받은 변화는 빛의 속도보다 빠르게 일어나는 것 같아. 어쩌면 거의 즉시일지도 몰라! 빛의 속도는 우리가 알다시피 우주의 한계 속도니까 얽힌 입자들이 변화하는 속도는 불가능해야 하는데, 이것도 이 현상의 수수께끼를 더해주고 있어!

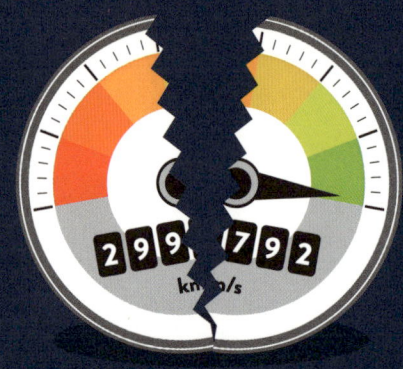

양자역학의 개념이 이해하기 어렵다고 해도 걱정하지 마. 원래 그런 거니까! 과학자들도 어려워한대. 그 유명한 물리학자 리처드 파인만은 이렇게 말한 적이 있어. "양자역학을 이해했다고 생각한다면, 양자역학을 전혀 이해하지 못하고 있는 것이다."

야구공은 어디 있을까?

(야구공이 허공을 날아가는 것처럼) 물체가 좀더 표준적인 속도와 크기를 가진 고전역학과는 다르게, 양자역학에서 물체는 가능성의 안개 속에 존재해. 물체가 여기에 존재할 확률도 있고, 저기에 존재할 확률도 있지.

오싹오싹

알베르트 아인슈타인은 양자 얽힘의 기묘함을 좋아하지 않아서 이걸 '원거리에서 일어나는 오싹한 행동'이라고 불렀대.

과학

원자폭탄은 컬러 텔레비전보다 20년 먼저 만들어지고 터졌어

원자는 아주 작아서 맨눈으로는 볼 수 없어. 하지만 하나가 조각으로 분열되면 폭발적인 연쇄 반응을 일으켜서 1초도 지나지 않아 주위의 모든 걸 없애는 거대하고 무시무시한 열폭풍을 일으켜.

인류는 이러한 원자의 분열 과정을 바탕으로 원자폭탄을 만들었어. 이 끔찍한 발명품은 컬러 텔레비전보다 먼저 일상 용어가 되어버렸어.

분열의 시간

어니스트 러더퍼드는 1917년 핵반응에서 원자를 분리하는 핵분열이라는 공정에 성공하며 새 역사를 창조했어. 제2차 세계대전 때 연합군은 영국, 프랑스, 소련, 미국, 중국이었지. 이 연합군은 핵분열을 군사 목적으로 사용할 수 있을지 의논하기 시작했어. 1939년 연합군의 이 대화에서 원자폭탄 계획이 수립되었던 거야.

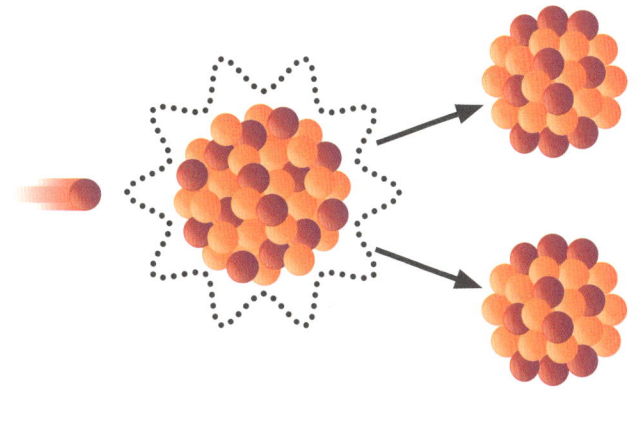

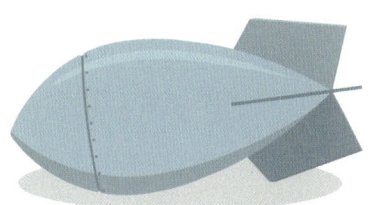

폭탄 선언

원자폭탄 계획에 시동이 걸린 후에 알베르트 아인슈타인은 미국 대통령 프랭클린 루스벨트에게 원자폭탄의 기반이 되는 이론을 과학적으로 설명하는 편지를 썼어. 그리고 나치도 나름대로 강력한 신무기를 개발 중이라는 걱정을 드러냈지. 그 결과 핵무기를 연구하고 개발하는 맨해튼 프로젝트가 구성됐어. 1943년, 이론과 실제가 결합해서 원자폭탄이 완성되었지.

최초의 불길

1945년에 원자폭탄은 뉴멕시코의 요르나다 델무에르토에서 터졌어. 눈을 태울 것 같은 빛으로 된 거대한 버섯구름이 위로 12킬로미터까지 솟구쳤지. TNT 1800만 킬로그램 정도의 힘이 폭발해. 순간적으로 주변 산맥들이 밝게 빛났대.

20년 늦은 컬러 텔레비전

군사 과학에서 이런 엄청난 도약이 일어나는 동안 텔레비전은 뒤처지고 있었어. 놀랍게도 컬러 텔레비전이 널리 팔리기 시작한 건 그보다 20년이나 지난 뒤였어. 최초의 컬러 텔레비전은 1966년에 나왔지. 시청자들이 〈결혼The Marriage〉이라는 시트콤을 처음 컬러로 봤지. 흑백 텔레비전의 시대는 그렇게 끝났어.

과학

빛의 시간이

우리는 빛의 속도로 여행할 수 없지만, 알베르트 아인슈타인은 만약 빛의 속도로 여행하면 어떻게 될까 생각하곤 했어. 아인슈타인의 특수상대성이론에 따르면, 빠르게 움직일수록 시간은 주위에 비해 더 느려진대. 빛의 속도로 움직이면 시간이 멈춘 것처럼 보이는 거야. 정말 놀랍지?

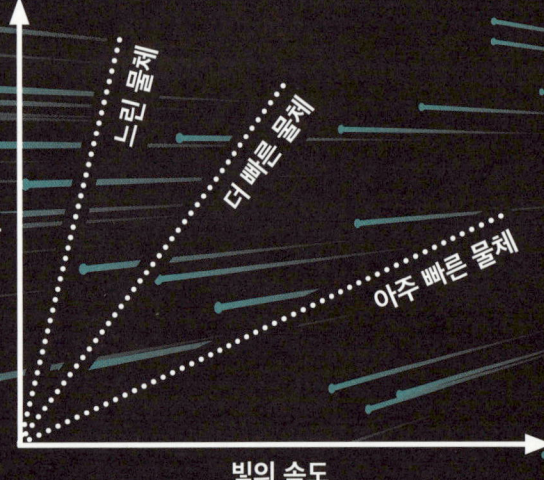

위의 그래프처럼, 더 느린 물체는 시간이 훨씬 천천히 흐르는 아주 빠른 물체보다 더 빠른 시간의 흐름을 겪어. 물체가 빛의 속도에 도달하면 시간축에서 0에 도달하고, 이건 시간축을 따라서는 전혀 움직이지 않는다는 뜻이야. 다시 말해서 빛의 속도에 도달하면, 시간이 멈춘다는 거야!

속도에서는 멈춰

무한한 무게

물체가 빛의 속도에 접근할수록 더 무거워져. 우리가 우주에서 한계 속도로 움직인다면 질량이 굉장히 커져서 무한에 도달하게 되는 거지! 그런 무게를 움직이려면 무한의 에너지가 필요하고, 그래서 우리는 상상 속에서만 빛의 속도에 도달할 수 있어.

빛을 구성하는 입자인 광자는 질량이 0이야. 빛의 무게가 실재하지 않기 때문에 그런 놀라운 속도로 움직일 수 있는 거지!

과학

모든 물체는 같은 속도로 떨어져

볼링공과 깃털을 높은 건물 꼭대기에서 동시에 떨어뜨리면, 뭐가 먼저 바닥에 닿을까? 볼링공은 곧장 쿵 떨어지는 반면에 깃털은 바닥으로 살랑살랑 날아 내려올 테니 볼링공이라고 대답하는 게 일반적이겠지. 그리고 실제로 그렇게 돼. 하지만 물체가 서로 다른 시간에 바닥에 떨어진다고 해도, 실제로 모든 물체는 질량과 상관없이 같은 속도로 떨어져. 물체가 떨어지는 속도가 다른 건 모두 공기 저항 때문이야.

허공에 둥둥

떨어지는 깃털은 굉장히 가벼워서 볼링공보다 공기 저항을 많이 받아. 공기는 위쪽으로 마찰 저항을 갖고 있고, 이게 중력을 상쇄하고 깃털이 떨어지는 속도를 느리게 만들어.

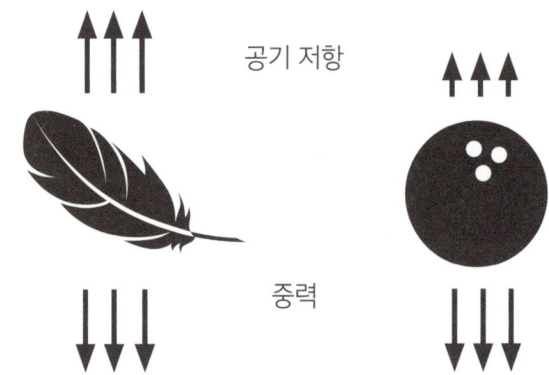

공기 저항

중력

압력을 받으며

공기 저항을 직접 경험해볼 수 있는 방법 중 하나는 달리는 자동차의 창 밖으로 손을 내밀어보는 거야. 물론 주위에 다른 차가 없는지 꼭 확인해야 해! 손을 밖으로 내밀면 공기가 손바닥을 세게 미는 게 느껴질 거야. 차가 빨리 달릴수록 공기의 저항력도 더 강해져. 주먹을 꽉 쥐면 마찰력이 적어져서 힘이 더 약해지는 게 느껴질 거야.

같이 해볼까?
사과와 깃털을 높은 곳에서 동시에 떨어뜨리고 관찰해봐. 실험을 할 때는 언제나 주위를 확인하고, 사람들 위로 떨어뜨리면 안 돼!

진공에서

우린 공기 저항 때문에 깃털이 천천히 떨어진다는 걸 알아. 이건 과학자들이 볼링공과 깃털을 여러 곳에서 떨어뜨리는 실험을 해본 덕분이야. 여기에는 공기를 빼낸 유리관도 포함돼. 공기가 없는 관은 진공 상태가 되고, 이 안에서 깃털과 볼링공은 정확히 같은 속도로 떨어져서 정확히 동시에 바닥에 닿아.

달에서 걷기

이 놀라운 사실은 달에서도 확인됐어. 1971년에 아폴로 15호 선장 데이비드 스코트는 망치와 깃털(망치의 44분의 1 정도로 가벼웠어!)을 떨어뜨렸고, 둘은 바닥에 동시에 도착했대!

과학

자전거는 혼자서

자전거는 두 바퀴로 달려가는 굉장히 놀라운 발명품이야. 하지만 자전거가 실은 혼자서도 달릴 수 있다는 거 알아? 아무도 타지 않은 자전거를 세게 밀면 (그리고 딱 맞는 속도로 달리게 되면) 자전거는 혼자 균형을 잡고 전혀 흔들리지 않고 달려가. 이보다 더 놀라운 사실은 말이지, 왜 자전거가 사람이 타든 안 타든 이렇게 안정적으로 달릴 수 있는지를 아직도 밝혀내지 못했다는 거야!

같이 해볼까?

피젯스피너를 돌리고서 자이로 효과를 관찰해봐. 스피너가 없으면 다음에 슈퍼마켓에 갔을 때 쇼핑카트의 바퀴가 어떤 식으로 움직이는지 살펴봐. 여러 종류의 카트를 움직여보고 브레이크가 걸린 바퀴나 망가진 바퀴가 움직이는 모습에 어떤 차이가 있는지 알아봐.

달릴 수 있어

빙빙 돌려

자전거가 혼자서 똑바로 갈 수 있는 이유에 대한 한 가지 가설은 자이로스코프 이론이야. 자전거가 똑바로 서서 안정적으로 가는 건 빙빙 도는 바퀴 때문이라는 거지. 이건 기본적으로 소형 자이로스코프인 피젯스피너의 원리와 똑같아.

캐스터

캐스터 이론은 자전거 바퀴가 가려는 방향으로 자동으로 위치를 잡는다는 거야. 이게 자전거가 혼자 균형을 잡을 수 있는 또 다른 이유의 후보야.

자전거는 나온 지 **200**년이 됐어

균형 잡기

자이로 효과가 사람이 타지 않은 자전거의 안정성을 일부 설명하고 캐스터 효과도 거기에 좀더 무게감을 주지만, 어느 쪽도 자전거가 혼자 균형을 잡는 현상을 완전히 설명해주지는 못해. 그래서 평범한 자전거가 이렇게 흥미로운 수수께끼로 남아 있는 거야.

과학

인생이 우리에게 레몬을 준 게 아니라 우리가 만든 거야

우리가 천연 식품 이야기를 할 때 흔히 떠올리는 건 보통 과일이랑 채소야. 이것들은 땅에서 바로 우리에게 오고, 영양분과 비타민으로 가득해. 물론 맛도 좋지. 하지만 몇몇 과일과 채소는 생각하는 것만큼 천연은 아니야. 사실, 몇몇은 선택된 종을 인위적으로 합성한 거야. 처음 나온 레몬은 시트론 수나무와 사워오렌지 암나무의 혼종이야. 사워오렌지도 포멜로와 만다린의 혼종이고.

섞어 섞어!

선발 번식은 인위적 선택이라고도 하는데, 마음에 드는 특성을 가진 혼종 생물체를 만드는 데 사용돼. 과학자들은 각각 이로운 특성을 가진 2개의 음식을 선택해서 번식시키고, 그 특성들을 모두 가진 자손을 만들어내. 선발 번식은 더 맛있는 과일과 채소를 만드는 데 사용될 수 있고, 해충에 내성이 더 강한 작물을 만드는 데도 사용돼.

같이 해볼까?
만약 혼종 과일이나 채소를 만들게 된다면, 뭘 만들어볼 거야? 새로운 선발 번식 식품의 그림을 그려보고, 특성을 모두 적어봐.

보라색

당근이 처음부터 당근 색이 아니었다는 거 알아? 원래 천연 당근은 하얀색이나 보라색이었고, 대부분 먹을 수 없었어. 이후 당근은 선발 번식이 되어서 맛과 색깔 모두 개선되었지.

녹색 채소를 먹자

브로콜리는 혼종은 아니지만 수백 년 동안 야생 양배추가 선택적으로 번식한 결과물이야. 브로콜리는 긴 세월 동안 인간을 위해서 더 맛있고 재미있게 적응한 거야! 양배추, 컬리플라워, 브뤼셀 스프라우트와 케일은 모두 브로콜리처럼 같은 야생 양배추에서 파생된 거야. 완전 능력자라니까!

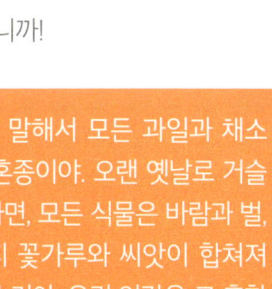

엄밀하게 말해서 모든 과일과 채소는 사실 혼종이야. 오랜 옛날로 거슬러 올라가면, 모든 식물은 바람과 벌, 여러 가지 꽃가루와 씨앗이 합쳐져서 탄생한 거야. 우리 인간은 그 혼합물에 우리의 선발 번식을 슬쩍 더했을 뿐이지!

10억 명의 목숨을 구한 사람

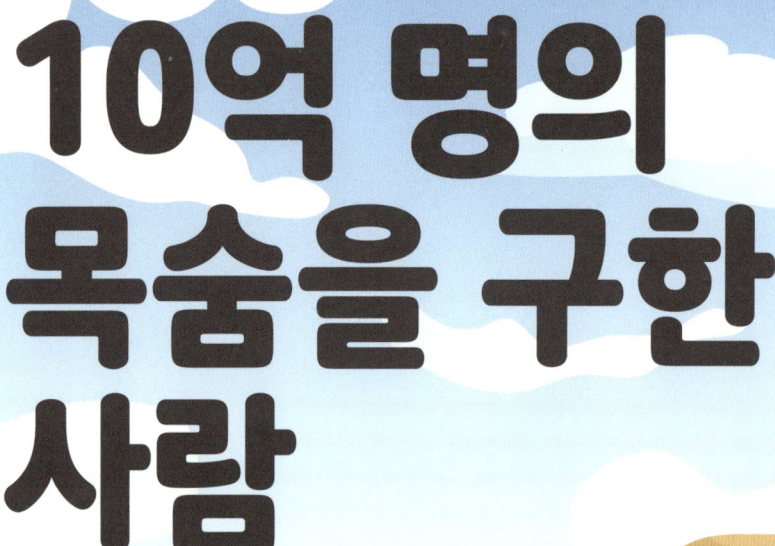

노먼 볼로그라는 식물과학자를 들어봤어? 걱정 마, 들어본 사람이 별로 없거든! 하지만 노벨 평화상을 받은 사람이고, 녹색혁명의 아버지라고 할 수 있고, 자신의 연구로 10억 명의 사람들을 굶주림에서 구해낸 사람이라면 전 세계 사람들이 그 이름을 다 알아야 한다고 생각해!

인류의 역사를 바꿨어

볼로그 박사는 일을 하면서 더 작고, 질병에 더 강하고, 더 많은 양을 수확할 수 있는 새로운 밀 종자를 개발했어. 이 새로운 번식 기술은 멕시코와 아시아 농부들에게 전파됐어. 새로운 밀 종자는 식량 생산량을 늘렸고, 대규모 기아를 막고 수백만 명의 사람들을 굶주림에서 구해냈어. 볼로그 박사와 그의 밀 종자는 문자 그대로 세계의 역사를 바꾼 거야. 대단한 사람이지!

풀이 자란다

밀은 씨를 뿌려서 널리 경작하는 일년생 풀 종류야. 세계에서 세 번째로 많이 생산되는 곡물이지! 밀은 세계 인구의 절반 이상에게 단백질 요구량의 약 20%를 공급해주고 있어.

최고의 상

볼로그 박사는 이 세상에 살았던 그 어떤 사람보다도 많은 생명을 구했어! 이 사람의 이름이 널리 알려져야 하는 아주 훌륭한 이유지.

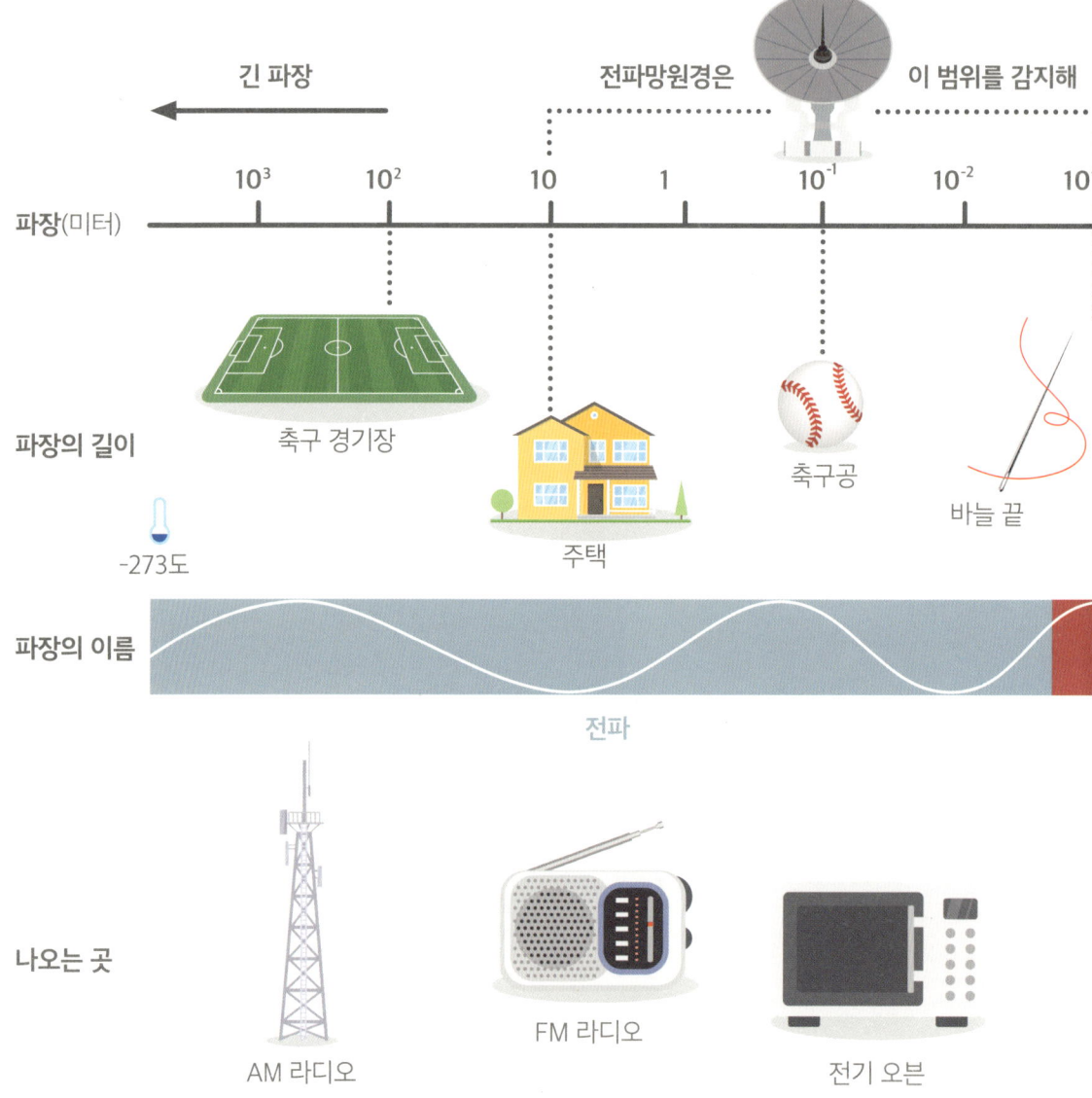

대부분의 빛은
우리 눈에 보이지 않아

전자기 스펙트럼은 우리 인간의 눈에 보이는 광선을 포함해서 존재하는 모든 종류의 빛을 설명하는 범위야! 무지개를 본 적이 있다면 넌 우리가 볼 수 있는 빛에 든 여러 가지 색깔을 알 거야. 하지만 그건 전자기 스펙트럼에서 아주 작은 일부야. 놀랍게도 우주에 있는 대부분의 빛은 인간의 눈이 볼 수 없는 것으로 이루어져 있어. 이 다른 종류의 빛에는 전파, 극초단파, 적외선, 자외선, 엑스선, 감마선 등이 있어.

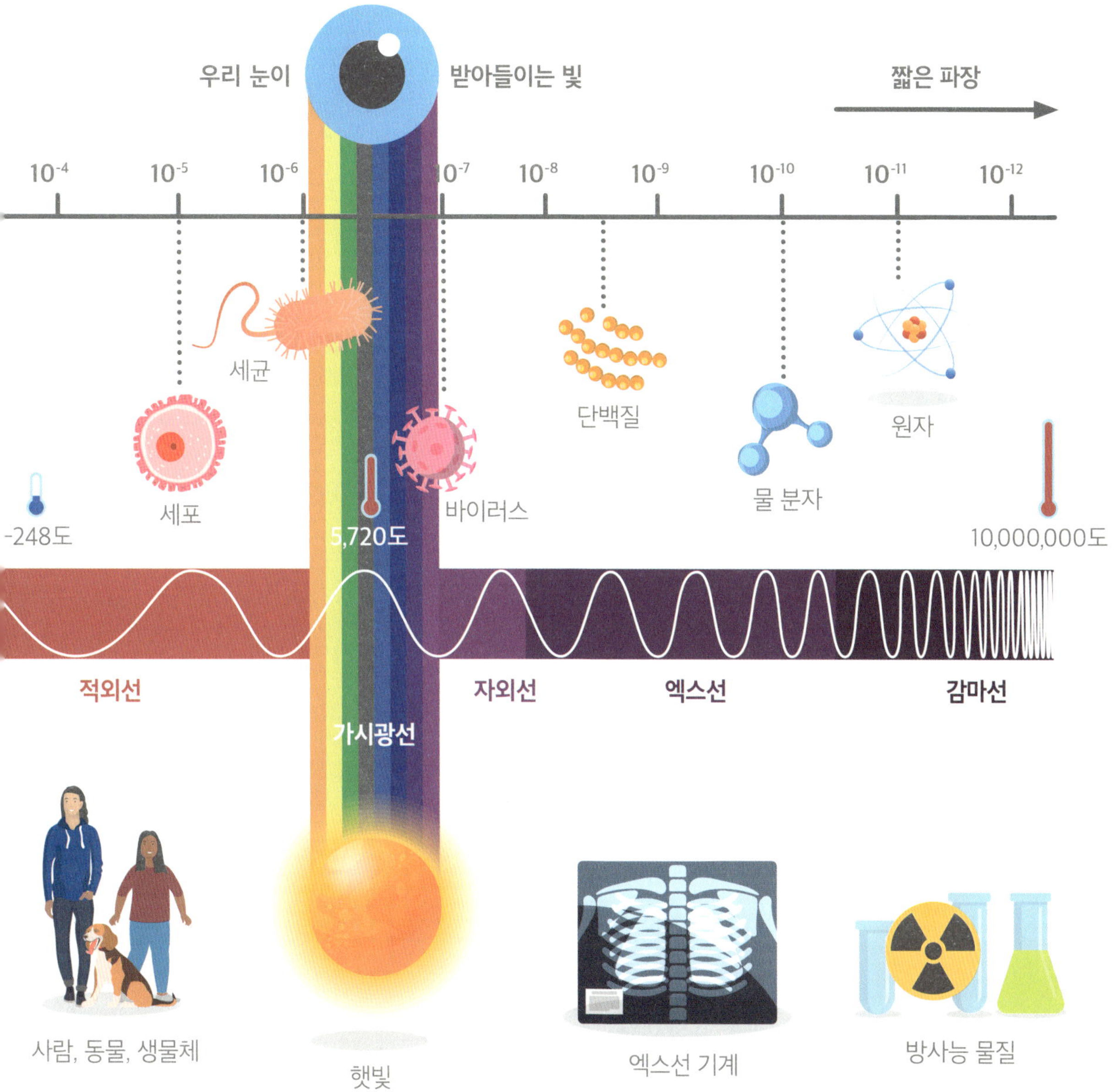

우리 눈이 받아들이는 빛　　　　　짧은 파장 →

10^{-4}　10^{-5}　10^{-6}　10^{-7}　10^{-8}　10^{-9}　10^{-10}　10^{-11}　10^{-12}

세균　　세포　　바이러스　　단백질　　물 분자　　원자

−248도　　5,720도　　　　　　　　　　　　10,000,000도

적외선　　　　가시광선　　자외선　　엑스선　　감마선

사람, 동물, 생물체　　햇빛　　엑스선 기계　　방사능 물질

거르기

자외선은 우리 눈에 안 보이지만, 어떤 사람들은 그걸 볼 수 있다고 말해. 보통 우리 눈의 렌즈는 자외선을 걸러내지만, 그 렌즈가 없이 태어난 사람들(그리고 수술을 하지 않은 사람들)은 자외선을 볼 수 있다고 주장해. 그 사람들한테는 사방에 연한 보라색이 더 많이 보여서 세상이 아주 다르게 보일 거야.

과학

무거운 물체는 시간과 공간의 구조를 왜곡해

중력이 인력의 일종으로 우주에 있는 모든 것을 잡아당긴다는 사실을 발견한 건 그 유명한 아이작 뉴턴이야. 중력의 힘은 두 물체가 얼마나 크고 얼마나 가까운지에 달렸어. 예를 들어 태양은 지구보다 중력이 훨씬 크지만, 지구에 있는 모든 것은 태양 쪽으로 당겨지는 대신에 우리 가까이에 있는 지표면에 남아 있게 돼.

천재적인 솜씨

뉴턴은 우리에게 중력이 뭔지 알려줬지만, 이게 어떤 식으로 작용하는지 알아낸 건 또 다른 천재인 알베르트 아인슈타인이야. 알고 보니 중력은 뉴턴이 주장한 것처럼 힘이 아니고, 그것보다 훨씬 이상했어! 일반상대성이론을 통해서 아인슈타인은 중력과 중력이 왜 생겼는지를 설명하는 놀랍고 새로운 방법을 만들어냈어.

아인슈타인은 중력이 시간과 공간 자체의 질량 왜곡에 따른 자연스러운 결과라는 결론을 내렸어. 그는 이걸 시공간이라고 불렀어. 모든 물체는 시공간의 구조를 왜곡하는데, 물체가 크면 클수록 그 효과는 더 강해져. 헷갈리는 말일 수도 있지만, 기본적으로 물체가 주위에 있는 시공간을 휘고, 구부리고, 밀고, 당길 수 있는데, 이런 변화의 폭은 물체 자체의 크기에 달렸다는 뜻이야.

타임워프

만약 볼링공을 커다란 보자기 위에 놓으면 보자기가 늘어날 거야. 이게 바로 행성과 별들이 시공간을 왜곡시키는 방식이야. 바로 그 보자기에 구슬을 굴리면 볼링공 쪽으로 굴러가겠지. 같은 방식으로 태양 주위를 도는 행성들은 실제로 태양에 끌려가는 게 아니라 태양의 엄청난 무게로 생긴 굽은 형태의 시공간을 따라가는 거야. 행성들이 태양에 끌려가지 않는 이유는 수많은 다른 운동량이 있기 때문이야. 다시 말해서 행성들은 계속해서 태양 쪽으로 끌려가지만, 그냥 옆을 지나치는 거야.

과학

우린 컴퓨터 시뮬레이션 속에 사는지도 몰라

모의 실험 가설은 인간이 전부 디지털 존재이고, 우리가 기술적으로 진화한 미래의 후손들이 만든 컴퓨터 시뮬레이션 속에 산다는 거야. SF 영화에 나올 것 같은 말도 안 되는 소리로 들리겠지만, 많은 과학자가 이걸 진지하게 받아들이고 있어!

놀라운 일

우리가 사실 컴퓨터 시뮬레이션 안에 산다는 주장에는 두 가지 중요한 부분이 있어. 첫 번째 조건은 커다란 상상력의 비약을 해서 미래 언젠가 우리가 인간의 의식을 진짜 인간의 의식과 구분할 수 없는 방식으로 컴퓨터 안에 시뮬레이션할 수 있다는 사실을 받아들여야 한다는 거야. 이걸 조상 모의 실험이라고 해.

연산력

주장의 두 번째 부분은 미래의 문명에서는 우리가 오늘날 갖고 있는 것과 비교도 되지 않는 어마어마한 양의 연산력을 마음대로 쓸 수 있어야 한다는 거야. 그래야 발달된 처리 능력으로 조상 모의 실험을 작동시킬 수 있어.

꼬리에 꼬리를 무는 의문

우리가 정말로 컴퓨터 시뮬레이션 안에 산다는 게 밝혀진다 해도, 여전히 커다란 의문이 남아. 시뮬레이션이 아닌 원래의 세상은 어디 있는 걸까? 그리고 우리가 우리 현실 안에 우리 자신의 조상 모의 실험을 만들어내면 무슨 일이 벌어질까? 아니면 이런 일이 이미 여러 차례 일어났던 걸까?

과학

천연두는
인간이 유일하게
박멸한 질병이야

천연두는 한때 전염성이 강하고 치명적인 질병이었어. 1980년 이전까지 천연두는 감염자 10명 중 3명이 죽는, 세계에서 가장 치명적인 병이었지. 하지만 공중 보건에 관한 노력과 세계적인 면역 프로젝트 덕분에 우리는 마침내 이 병을 박멸할 수 있었어!

천연두는 인간이 인간 질병을 완전히 없앤 최초이자 유일한 사례였어. 완전히 막아내기 전까지 수억 명의 사람들이 천연두로 목숨을 잃었지. 과학의 승리야!

300,000,000
20세기에 천연두로 사망한 전 세계 사람은 3억 명으로 추정돼.

'백신'의 유래

천연두 백신은 18세기에 영국의 과학자 에드워드 제너 덕분에 발견되었어. 제너는 '우두'라는 가벼운 병에 걸렸던 젖 짜는 여자들은 천연두에 면역성이 있는 것 같다는 사실을 알게 됐어! 그는 천연두 백신에 우두를 사용했고, 결국에 우두와 비슷한 '백시니아vaccinia'라는 바이러스가 대체제로 백신에 사용되었어. 이게 예방접종을 뜻하는 영어 vaccination이라는 단어의 유래야.

천연두 미라

천연두는 인간이 역사를 기록하기 시작한 때부터 존재했어. 심지어는 이집트 미라 중에도 뚜렷하게 얽은 피부를 가진 미라가 있다니까!

대량살상무기

천연두가 현재는 사라졌다 해도 항상 되살아날 가능성이 있어. 심지어 어떤 사람들은 이제 생물학 병기로 사용될 수도 있다고 두려워해. 미국에서는 만약의 사태에 대비해서 시민 전원에게 접종할 수 있는 충분한 양의 백신을 저장하고 있어.

과학

물속에 레이저를

레이저는 훌륭하고, 모든 과학 분야에서 최고의 것 중 하나라고 할 수 있지! 대단히 강력하고, 놀랄 만큼 다용도에 먼 거리까지도 갈 수 있는 능력을 가졌어. 보기에 멋있는 건 말할 것도 없고! 하지만 레이저가 아무리 강하다 해도, 실제로는 레이저빔을 물속에 가두는 게 굉장히 쉽다는 걸 알면 좀 놀랄지도 모르겠네. 게다가 집에서도 해볼 수 있어. 엄청 쉬워!

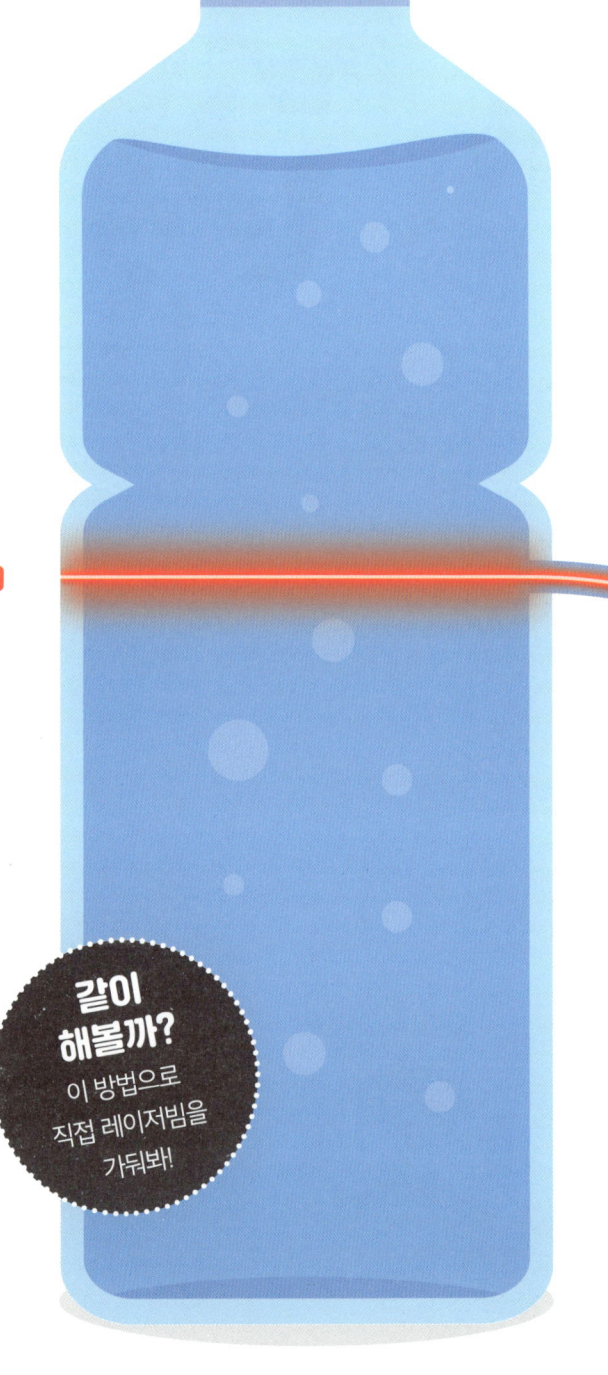

덫에 걸린 빛

레이저를 잡으려면 레이저 포인터와 물을 채운 커다란 플라스틱 물병이 필요해. 물병 옆에 구멍을 뚫고 구멍에서 물이 호를 그리며 나오게 만들어. 그리고 레이저 포인터로 물병을 조준해서 쏘면 네가 만드는 물줄기 속에 레이저가 갇혀서 함께 곡선을 그리며 떨어지는 걸 볼 수 있을 거야!

같이 해볼까?
이 방법으로 직접 레이저빔을 가둬봐!

가둬놓을 수 있어

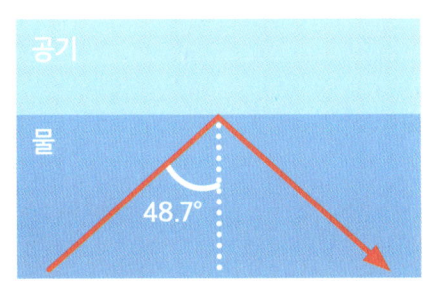

반사

레이저에서 나온 빛줄기가 특정 각도로 물의 경계에 부딪히면, 거길 뚫고 지나가지 못한 채 반사하게 돼. 빛이 반복해서 경계에 부딪히면서 이 반사가 계속 일어나면 레이저는 물줄기에 계속 갇혀 있게 돼. 이 과정을 전반사라고 해.

각도 조절

전반사가 일어나게 하려면, 빛이 밀도가 더 큰 매질 속을 지나서 밀도가 더 작은 매질과의 경계로 가야 해. 이 경우에는 물과 공기지. 그리고 빛이 임계각보다 큰 각도에서 경계에 부딪혀야 해. 물과 공기에서 임계각은 48.6도야. 각도가 이것보다 더 커지면 빛은 반사돼.

광섬유

빠른 인터넷을 제공해주는 케이블도 전반사를 사용해. 광섬유 케이블은 유리나 플라스틱으로 된 긴 섬유 안에 레이저빔을 가두고 있어.

레이저 탱크

물이 가득한 유리 탱크에서도 전반사를 확인할 수 있어! 빛을 딱 알맞은 각도로 보내면 수면에서 되튀어 탱크 안으로 돌아왔다가 바닥에서 되튀어 다시 위로 올라갈 거야!

과학

세계의 플라스틱 중 9%만 재활용돼

우리는 플라스틱에 둘러싸여 있어. 이 가볍고, 튼튼하고, 방수되는 합성 물질은 지난 100년 동안 인간의 삶을 크게 바꾸었어. 하지만 그 기간 동안 플라스틱은 과학의 훌륭한 결과물로서 칭송을 받다가 환경적 위협으로 미움을 받는 처지가 되었지.

오래가는 물질이라는 플라스틱의 장점은 가장 큰 단점이 되었어. 플라스틱은 썩지 않고 매립지 안에서, 길거리에서, 바다에 둥둥 떠서 수천 년 동안 존재할 수 있어. 우리가 플라스틱을 재활용하고는 있지만, 어마어마한 생산량(지금껏 존재한 모든 플라스틱의 절반이 지난 13년 동안 만들어졌대) 때문에 모든 플라스틱의 91%가 재활용되지 않고 남아 있어.

1,000,000

전 세계에서 1분에 100만 개의 플라스틱 병이 팔려.

힘내, 물고기!

2050년경에는 바다에 있는 플라스틱이 물고기보다 더 무거울 거라고 추정돼.

450

플라스틱 병은 썩는 데 450년이 걸려.

8,300,000,000,000

1950년 이후 생산된 플라스틱은 총 8조 3000억 킬로그램이야. 이 중에서 6조 3000억 킬로그램이 쓰레기가 됐어.

과학

바이러스는 바이러스 안에도 들어가

바이러스는 살고 번식하기 위해서 숙주의 몸을 필요로 하는 미소기생체야. 녀석들은 모든 종류의 유기체에 감염될 수 있는 능력이 있어. 동물, 식물, 곤충, 균류, 세균, 심지어는 다른 바이러스에도 감염될 수 있다고!

기생 바이러스

다른 큰 바이러스에 기생하는 조그만 바이러스가 처음으로 발견됐어. 이 작은 바이러스는 이미 커다란 바이러스가 살고 있는 세포 안에서 복제되면서 문제를 일으켜서 세포를 아프게 만들어!

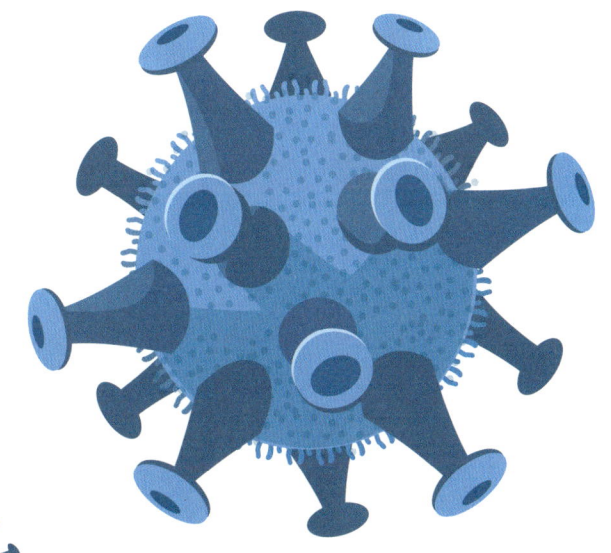

생명일까?

바이러스는 다른 생명체와 공통의 특징을 갖고 있지 않아서 살아 있다고 하지 않아. 하지만 다른 바이러스에 감염되는 바이러스를 발견해서 과학자들은 이 사실에 의문을 갖게 됐어!

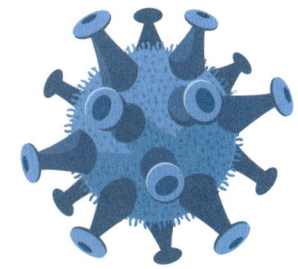

과학

얼음으로 불을 지필 수 있어

불과 물은 별로 잘 어울리는 짝은 아니야. 그러니 얼음을 이용해서 불을 피울 수 있다는 말을 들으면 깜짝 놀랄 수밖에. 이건 생각보다 훨씬 간단해. 필요한 건 맑은 얼음과 직사광선, 그리고 두 손뿐이지.

같이 해볼까?

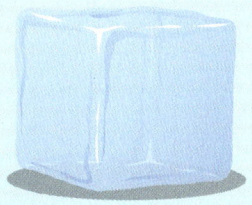

1 찾을 수 있는 가장 투명한 얼음을 찾아.

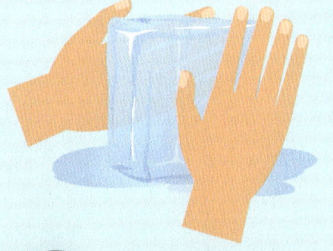

2 손으로 얼음 바깥쪽을 문질러서 녹여.

3 얼음이 녹기 시작하면 돋보기처럼 가장자리가 매끈한 원형으로 만들어.

4 얼음으로 부싯깃에 햇빛을 집중시켜. 물방울이 부싯깃에 떨어지지 않게 굉장히 조심해야 해. 열심히 기다리다 보면 결국에 불이 붙게 될 거야. 자, 얼음으로 불을 지폈어!

얼음으로 불을 피우기로 했다면, 항상 어른에게 뭘 하는지 알리고 옆에서 봐 달라고 해. 안전한 곳에서 불을 피우는 것도 중요해. 그리고 얼음 돋보기의 초점을 부싯깃에만 맞춰야 해.

47

과학

빛은 그림자가 없어

그림자는 빛이 물체를 통과하지 못할 때 물체 주위에 생기는 어두운 부분이야. 주위를 둘러보면 어디서든 그림자를 볼 수 있을 거야! 탁자에서 장난감, 나무, 개미에 이르기까지 모든 물체는(생물이든 무생물이든) 그림자를 만들어.

하지만 그림자를 드리우지 않는 것이 한 가지 있지. 바로 빛이야! 빛은 빛을 막을 수 없기 때문에 그림자가 안 생겨. 사실 빛을 빛으로 비춰보면, 첫 번째 빛을 더 강하게 만드는 셈이라서 빛이 더 밝아질 뿐이야.

같이 해볼까?

종이 접시와 연필로 해시계를 만들어봐. 고르게 12개의 숫자를 써서 시계판을 만들고 접시 가운데 연필을 꽂아서 똑바로 세워. 화창한 날에 해시계를 밖에 들고 나가서 평평한 곳에 내려놓고 남쪽을 바라보게 만들어. 그러면 정확한 시간에 연필 그림자가 드리울 거야. 짜잔!

째깍째깍

옛날 사람들은 태양이 드리우는 그림자를 이용해서 해시계를 개발했어. 최초의 시계지. 누가 발명했는지는 모르지만, 이건 세계에서 가장 오래된 과학 도구 중 하나야.

크기 계산

그림자는 일찍부터 시간을 재는 도구로 쓰였을 뿐만 아니라 지구의 크기를 계산하는 데도 사용되었어. 2000년도 더 전에 그리스의 에라스토테네스는 단순한 기하학과 그림자 측정을 합쳐서 최초로 이 굉장한 임무를 해냈지!

2부 수학

수학

수학은 발명된 것이면서 발견된 것이기도 해

수학은 종종 과학의 언어라고도 불려. 수학을 통해서 우리는 훌륭하고 다양한 우주를 정확하게 설명할 수 있어. 숫자는 우리 주위의 사물들을 명확하게 이해할 수 있게 만들어주지만, 수학 자체의 기원은 확실하지 않아. 오늘날까지도 수학은 인간이 도구를 발명하듯이 발명한 건지, 아니면 발견되기만을 기다리는 보물상자처럼 자연에 언제나 그냥 존재했던 건지 수수께끼로 남아 있어.

모든 것의 기초

인간이 수학을 발견했다고 믿는 사람들은 수학이 모든 것의 기초고, 우리 우주 전체를 지지하는 구조라고 믿어! 이 사람들은 수학이 자연에서 고유한 것이고, 우리 우주가 내일 사라진다 해도 수학은 여전히 남아 있을 거라고 믿어. 수학을 발견함으로써 우리는 우리 주위의 물리적 세계를 이해하기 시작한 거야.

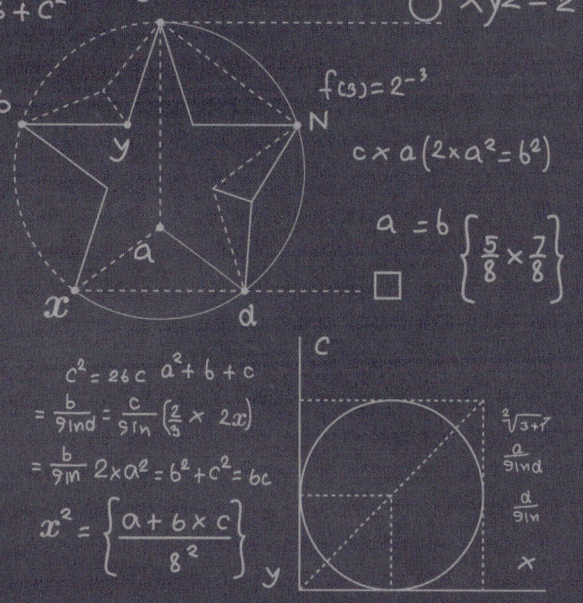

만들어내다

인간이 수학을 발명했다고 믿는 사람들은 수학이 물리적 세계를 설명하는 데 그렇게 잘 맞는 이유가 우리가 그렇게 하기 위해서 설계했기 때문이라고 주장해! 이 사람들은 수학이 우리 머릿속에서 나온 거고, 우리 목적에 맞추기 위해서 계속해서 그걸 만들어낸 거라고 말해. 그들에게는 우주가 갑자기 사라진다면 더 이상 수학도 없는 거야. 인간이 만들어낸 규칙을 가진 다른 모든 것들이 다 사라지는 것처럼 말이야.

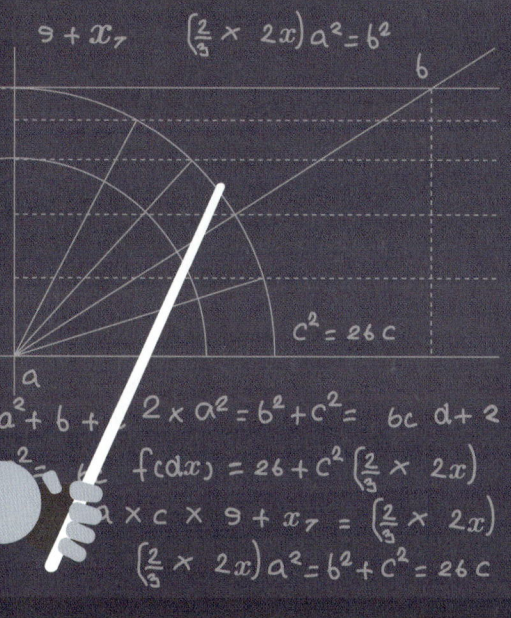

수학

탱그램은
수학 실력을 키워줘

탱그램을 좋아해? 그렇다면 탱그램을 자주하면 수학 시험 점수가 더 높아질 거라는 말에 아마 관심이 생길 거야! 수학 시험 40분 전에 조각 맞추기 퍼즐을 푼 아이들이 대체로 시험에서 더 좋은 점수를 받았대.

자르기

탱그램은 200년 된 중국의 조각 맞추기 퍼즐이야. 이건 정사각형을 7개의 기하학 도형으로 잘라낸 것으로 이루어져 있어. 7개의 조각은 다음과 같아.

큰 직각삼각형 2개
중간 크기 직각삼각형 1개
작은 직각삼각형 2개
작은 정사각형 1개
평행사변형 1개

이 모양들이 제대로 자리를 찾으면, 딱 들어맞아서 커다란 정사각형이나 직사각형, 삼각형을 만들게 돼.

모양 만들기

사각형을 만드는 것 외에도 탱그램은 멋진 형태를 만들어내는 여러 가지 조합으로 배치할 수 있어.

옆에 있는 모양을 딱 한 번 잘라서 2개의 똑같은 조각으로 만들 수 있겠어? 불가능할 것처럼 보이겠지만, 힌트를 줄게. 이 모양은 2개의 똑같은 모양을 합친 거야. 커다란 모양을 둘로 나눠봐. 답은 내 배에 있어.

피자는 라지가 옳아

배가 꼬르륵거릴 때 피자 메뉴를 본 적이 있다면, 라지 사이즈 하나 대신 미디엄 사이즈 2개를 시키고 싶어질 수도 있어. 하지만 수학적으로 볼 때 라지 사이즈 피자 하나가 미디엄 사이즈 피자 2개보다 실제로는 더 커서 접시에 더 많은 피자가 올라가게 돼(그리고 대체로 돈도 덜 들고)!

45cm

라지 사이즈 피자의 지름은 약 45센티미터야.

반지름은 지름의 절반이지. 라지 사이즈 피자에서 반지름은 약 22.5센티미터야.

피자의 전체 면적을 계산하려면 다음의 식을 써야 해.
$3.14 \times 반지름^2$

이 모든 정보를 통하면 라지 사이즈 피자의 총 면적은 $3.14 \times 22.5^2 =$ 1590제곱센티미터가 돼.

파이처럼 달콤해

원의 둘레와 지름(원의 한쪽 지점부터 반대편 지점까지의 거리) 사이의 비율은 π(파이)라는 기호로 표시해. 파이는 끝없이 이어지지만 대략 3.1415926535897932 3846…과 같아. 이 숫자가 무한대이기 때문에 대체로 줄여서 3.14라고 해.

30cm

중간 사이즈 피자는 지름이 30센티미터이고, 반지름은 15센티미터야.

라지 사이즈 피자에 쓴 식을 이용하면, 피자의 총 면적을 계산하는 데 3.14×15^2를 쓰면 돼.

중간 사이즈 피자의 총 면적은 707제곱센티미터야.

중간 사이즈 피자 2개의 총 면적은 1414제곱센티미터이고, 이건 라지 사이즈 피자보다 176제곱센티미터 작아.

그러니까 배가 고프다면 언제나 라지 사이즈 피자를 시켜!

수학

자연계에도 숫자의 패턴이 숨겨져 있어

수학자 피보나치가 자연계에 존재하는 수열을 발견했다는 거 알아? 이 수는 0, 1, 1, 2, 3, 5, 8, 13, 21, 34, 55, 89, 144, 그리고 무한대로 이어져. 수열에 있는 새 숫자 하나하나는 앞의 숫자 2개의 합이고 이걸 피보나치 수, 또는 피보나치 수열이라고 해. 숫자 사이의 비율(1.618034)은 보통 황금비라고 해.

비율은 값을 비교하는 거라는 거 알아? 비율이라는 건 하나를 다른 것과 비교해서 얼마나 큰지 작은지를 알려주는 거야.

자연의 부름

자연은 피보나치 수열로 가득해. 해바라기와 솔방울에서 볼 수 있는 소용돌이 모양은 전부 다 수열과 황금비로 이루어지고, 파인애플과 콜리플라워도 마찬가지야. 수열은 식물이 잎을 배열하는 방식, 즉 잎이 빛에 최대한 노출되게 만드는 패턴에도 나타나. 꽃이 씨를 최대한으로 배열하는 데 피보나치 수를 이용하는 것과 똑같아.

우리 몸에서

이런 패턴을 보여주는 건 식물만이 아니야. 우리 인간의 신체도 1, 2, 3, 5라는 숫자를 따라. 우리는 코 1개, 눈 2개, 각 팔다리의 구성 부분 3개, 각 손의 손가락 5개를 갖고 있어.

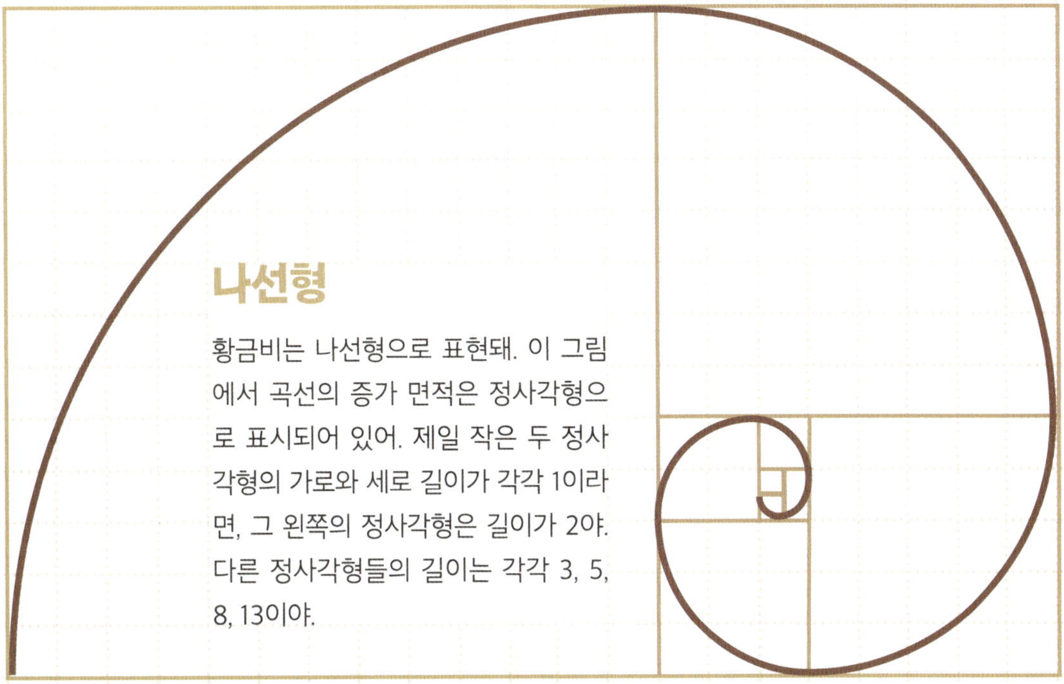

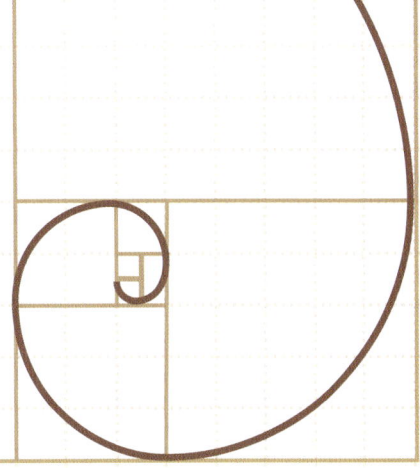

나선형

황금비는 나선형으로 표현돼. 이 그림에서 곡선의 증가 면적은 정사각형으로 표시되어 있어. 제일 작은 두 정사각형의 가로와 세로 길이가 각각 1이라면, 그 왼쪽의 정사각형은 길이가 2야. 다른 정사각형들의 길이는 각각 3, 5, 8, 13이야.

수학

선을 4개만 그어서 점을 모두 연결할 수 있을까?

9개의 점을 직선 4개만으로 모두 연결할 수 있는지 해봐. 각각의 점은 딱 한 번만 지나야 하고, 연필을 종이에서 절대 떼면 안 돼. 아래 있는 클라우스에게 정답이 있어!

같이 해볼까?

수학

프랙탈은 끝이 없어

무한한 것(끝이 없고 영원히 이어지는 것)을 상상하는 건 놀랍도록 어려운 일이야. 생각하는 것만으로도 머리가 막 아파져! 무한대의 크기를 생각하는 데 도움이 되는 게 바로 멋진 프랙탈이야.

프랙탈은 같은 모양이 다른 크기로 끝없이 반복되는 패턴이라서 자기 유사성이라고도 해. 프랙탈이 환상적으로 복잡하게 보인다 해도 이건 실은 단순한 공정을 반복해서 만든 것일 뿐이야.

확대, 확대, 확대

수학적 프랙탈은 단순한 방정식을 수천 번 계산하고, 그다음에 그 답을 처음으로 다시 돌려서 반복하는 방식으로 만들어져. 이 프랙탈은 무한히 복잡하고, 우리는 프랙탈 내부를 계속해서 영원히 확대할 수 있어.

     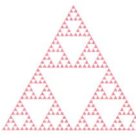

영원한 삼각형

또 다른 수학적 프랙탈은 시에르핀스키 삼각형이야. 이건 수학자인 바츠와프 시에르핀스키의 이름을 딴 거지. 자기 유사 프랙탈이라는 건데, 정삼각형 안에서 더 작은 정삼각형을 끊임없이 제거해서 반복적인 패턴을 만든 거야.

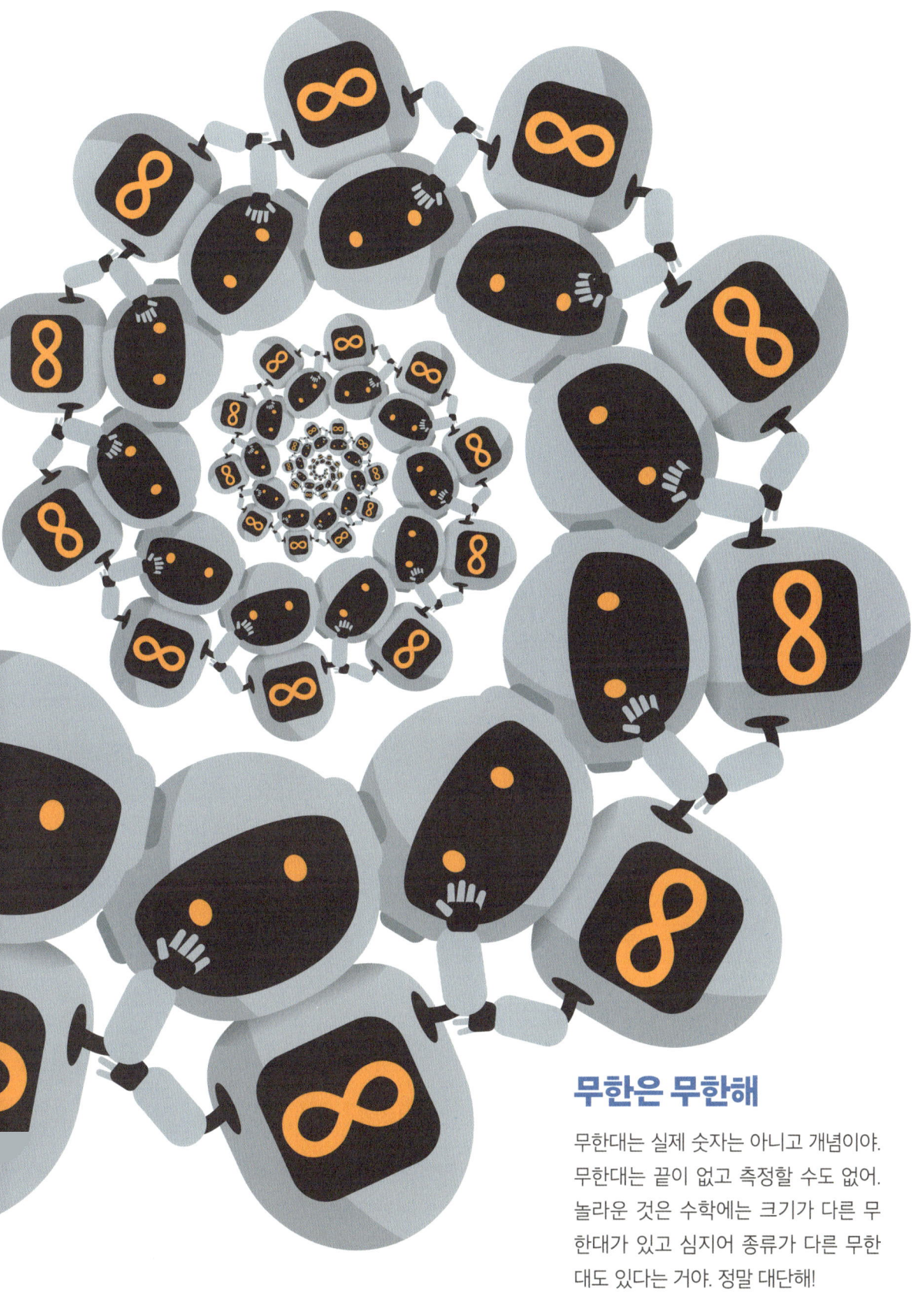

무한은 무한해

무한대는 실제 숫자는 아니고 개념이야. 무한대는 끝이 없고 측정할 수도 없어. 놀라운 것은 수학에는 크기가 다른 무한대가 있고 심지어 종류가 다른 무한대도 있다는 거야. 정말 대단해!

수학

외계인을 찾기 위한 방정식이 있어

확실해 ←

$N = R \times f_p \times n_e$

N 우리은하에 있는 기술적으로 발달한 문명의 숫자

R 우주에서 별들이 형성되는 속도

f_p 그 별들 중 행성계를 가진 별의 비율

n_e 각 태양계당 생명체가 살기 적합한 환경이 있는 행성의 숫자

1961년에 놀라운 수학식이 발표되었어. 이걸 계산하면 우리은하에서 접촉 가능한 외계 문명의 숫자를 추정할 수 있었지! 이 식은 우주 비행사 프랭크 드레이크가 고안한 거라서 드레이크 방정식이라고 불러.

우리은하의 어마어마한 크기와 그 안에 있는 수천억 개의 태양계들을 고려하면, 우리가 이 우주에 혼자가 아닐 가능성이 아주 높아. 실제로 외계인이 존재한다면 프랭크 드레이크는 몇이나 있을지 계산하는 대단히 뛰어난 방법을 고안해 냈어. 과학자들은 드레이크 방정식이 계산하기 어려운 식이라고 말해. 모르는 변수가 지나치게 많거든. 하지만 이 방정식의 진짜 중요성은 이걸 풀어서 얻는 답이 아니라 애초에 이런 걸 생각해 냈다는 부분이라는 데는 다들 동의해.

대단히 불확실해 →

f_l × f_i × f_c × L

생명체가 실제로 있는 적합 행성의 비율

생명체가 사는 행성 중 지적 생물체가 나타난 행성의 비율

자신들의 존재에 관해 우주로 탐지 가능한 신호를 방출하는 기술을 가진 문명의 비율

이런 문명이 우주로 자신들의 존재에 관해 탐지 가능한 신호를 방출하기까지의 시간

수학

이 수열에서 다음 숫자는 뭘까?

같이 해볼까?

숫자 배열 퍼즐을 풀 때 유용한 힌트는 이 숫자들 중 어느 것이 다른 것으로 나누어질 수 있는지를 보는 거야. 만약 나누어질 수 있다면 어떤 패턴이 생기는지 확인할 수 있을 거야. 잘해봐!

답: 840.

숫자 배열에서 각 숫자 새로운 숫자 들을 그 앞 기둥에 있는 숫자의 두 배 로부터 곱의하는 숫자가 있는 기둥 까지의 기둥 수를 곱한 거야.

수학

카드 한 벌을 섞은 다음 이 우주의 역사상 이전에

카드 한 벌에는 카드가 52장 들어 있어. 숫자 자체는 딱히 뭐 놀랍거나 대단하지 않은데, 카드를 뒤섞은 다음 그 52장을 뒤집어서 일렬로 놔두면 훨씬 더 흥미진진한 일이 일어나기 시작해! 매번 카드를 다시 섞어서 내려놓을 때마다 지금까지 아무도 본 적이 없는 조합을 만들어내기 때문이야.

넘치는 선택지

카드놀이에 깔려 있는 수학을 한번 보자면, 52장의 카드 한 벌은 이런 방법으로 줄을 세울 수가 있어.

52×51×50×49×⋯×3×2×1.
이걸 말로 설명하면 이래. 첫 번째 카드를 고르는 방법이 52개, 두 번째 카드를 고르는 방법 51개, 세 번째를 고르는 방법 50개, 뭐 이런 식으로 계속돼.

그 결과 나올 수 있는 순서의 가짓수를 숫자로 쓰자면:
80,658,175,943,878,571,660,636,856,403,766,975,289,505,440,883,277,824,000,000,000,000

읽기도 힘든 엄청난 숫자들의 행진 때문에 어지럽다면, $8×10^{67}$이라고 쓸 수도 있어.

나오는 카드의 순서는 단 한 번도 나온 적이 없어

우주를 넘어서

가능한 순서가 너무너무 많지? 그야말로 천문학적인 숫자고, 심지어는 우주를 넘어서는 숫자야! 사실 이건 우주에 있는 모든 별의 수보다도 더 많아!

평생 한 번

가능한 순서의 수가 우주를 넘어설 정도로 크다는 걸 염두에 두면, 무작위로 카드를 섞어서 나온 카드의 순서가 전에 한 번도 나온 적이 없을 가능성이 높다고 말해도 될 것 같지? 그리고 평생 다시는 볼 수 없는 순서라는 것도!

보편적 진실

카드 순서의 수는 너무너무 커서 누군가가 우주가 시작되던 순간(140억 년 전)부터 카드를 1초에 한 번씩 섞었다고 해도, 카드를 10^{18}번도 채 못 섞었을 거야.

수학

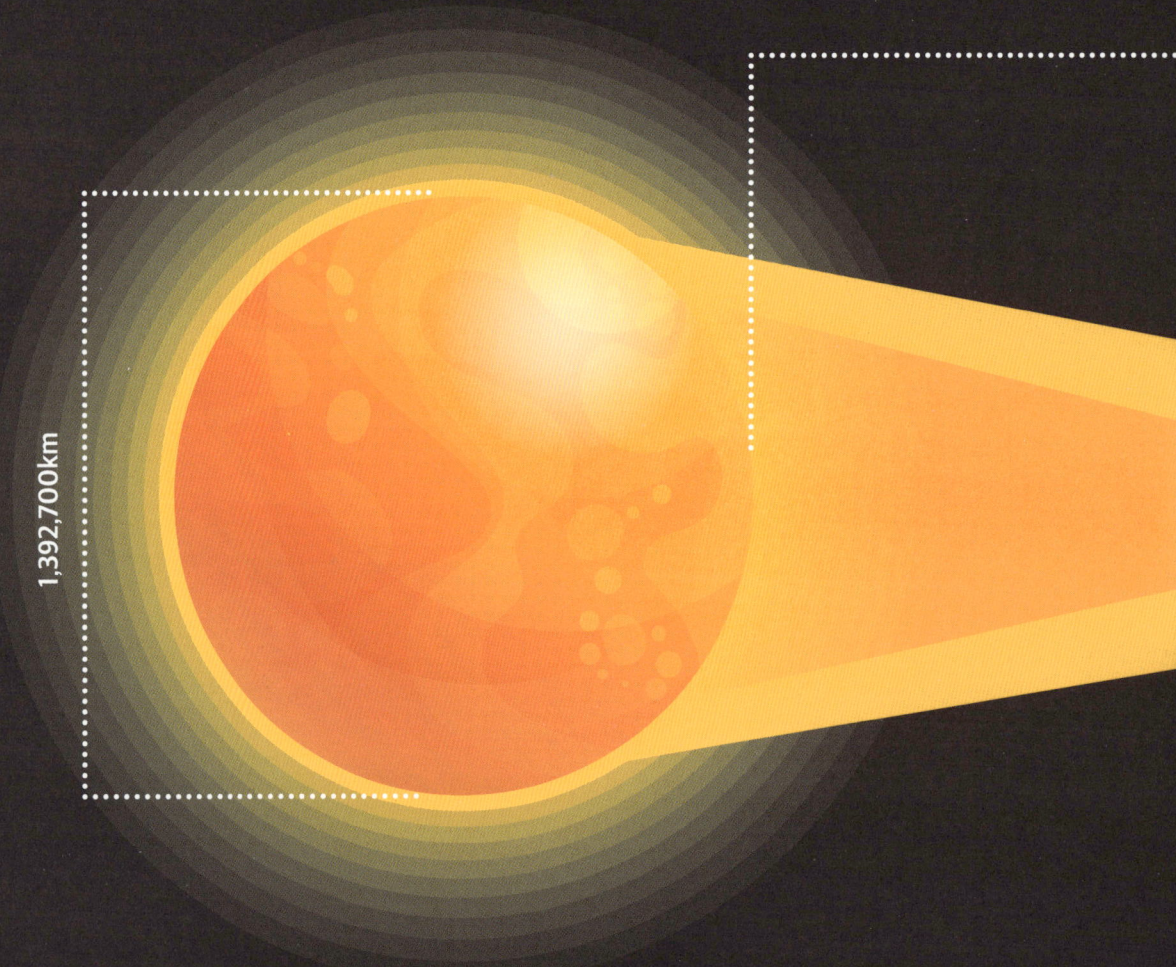

1,392,700km

개기일식은 수학적 행운 덕분에 일어나

일식은 달이 태양과 지구 사이를 천천히 지나갈 때 일어나. 일식은 기온이 떨어지고 대낮에 하늘이 어두워지는 기묘한 사건이야. 대단히 인상적인 광경이고, 마찬가지로 놀라운 숫자상의 우연 덕분에 일어나지. 이 모든 것들은 400이라는 숫자와 관련이 있어.

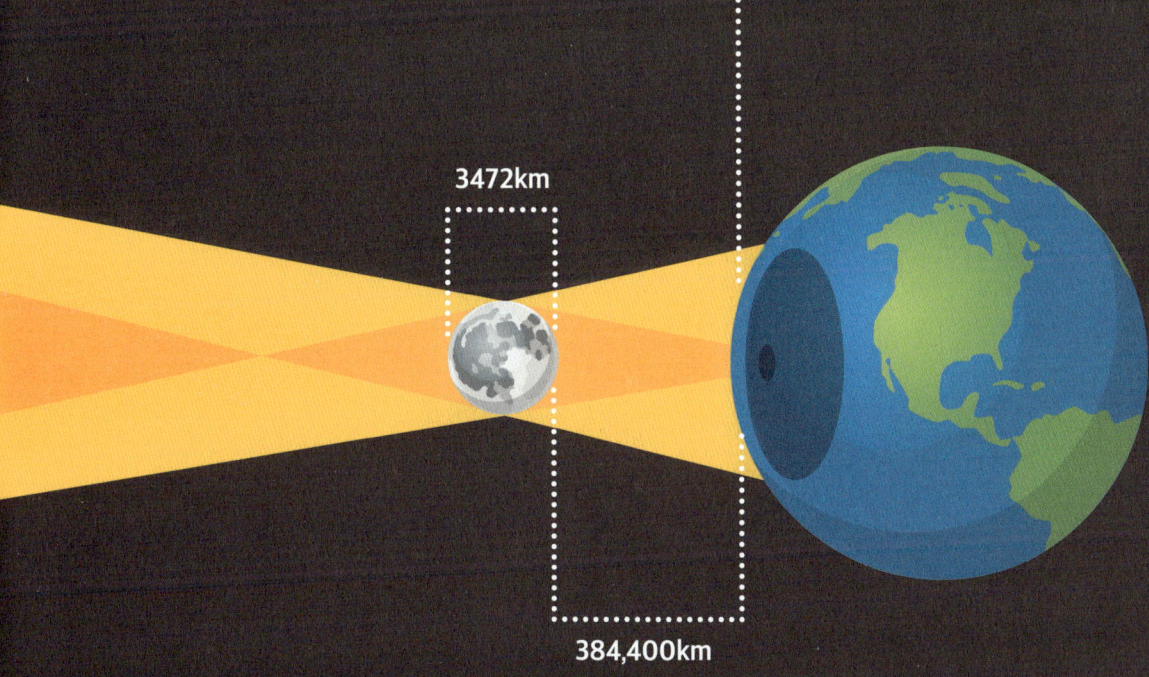

152,000,000km

3472km

384,400km

안경을 써야 해

운 좋게도 일식의 모든 단계를 보게 된다면, 특수 일식용 안경을 꼭 써야 해. 이건 종이로 만든 테에 어두운 필터가 들어가 있는 안경으로, 태양에서 나오는 자외선으로 망막이 손상되는 걸 막아줘. 일식 때도 마찬가지로 보호가 필요해!

태양의 지름은 달의 지름보다 400배 더 커. 하지만 놀라운 우주적 우연의 일치로 태양은 지구와 달 사이 거리의 400배 더 멀리 있지. 멀면 멀수록 물체는 더 작게 보여. 이 말은 여기 지구에서는 태양과 달이 거의 비슷한 크기로 보인다는 뜻이야. 놀랍지!

수학

같이 해볼까?

여기에 삼각형이 모두 몇 개 있을까?

위에 있는 여러 색깔이 들어간 오각형 안에는 여러 개의 삼각형이 들어 있어. 잘 들여다봐. 전부 찾을 수 있겠어? 옆 페이지에 클라우스가 정답을 갖고 있지만, 미리 보지는 마! 삼각형을 좀더 쉽게 세려면 연필과 종이를 찾아서 거기에 삼각형이 보이는 대로 그려봐!

수학

1조

100만, 10억, 1조는 그 크기가 완전히 달라

사람들은 큰 숫자를 짝짓는 경향이 있어. 비슷하게 보이기 때문일 수도 있고, 그게 운율이 맞기 때문인지도 몰라. 영어에서는 1000을 단위로 숫자를 짝지어. 그래서 큰 숫자를 세는 단위가 million(100만), billion(10억), trillion(1조)으로 이어져. 1000이 1000개 모이면 100만(1,000,000)이 되고, 100만이 1000개 모이면 10억(1,000,000,000)이 되고, 또 10억이 1000개 모이면 1조(1,000,000,000,000)가 되는 식이야. 하지만 우리나라는 큰 숫자를 셀 때 1만 단위로 짝을 지어. 그래서 1만이 1만 개 모여서 1억이 되고, 1억이 1만 개 모여서 1조가 되지. 숫자를 세는 기준도 문화마다 달라.

10억　　　　　　　100만

빨리 부자가 되는 법

이런 식으로 생각해봐. 살아 있는 동안 1초에 1달러씩 번다고 하면, 2주도 안 된 신생아일 때 100만 달러를 벌어들일 수 있을 거야. 아기 백만장자 시기를 넘어가면 31살이 되어야 억만장자 자리에 오를 수 있지. 하지만 슬프게도 조 단위 부자가 되는는 꿈은 결코 이룰 수 없을 거야. 그 수준의 돈을 얻으려면 무시무시하게도 3만 2000년이 걸리거든.

하늘 높이

이걸 다른 방법으로 생각해볼 수도 있어. 신생아 시절의 재산을 빳빳한 실물로, 즉 종이돈으로 바꿔서 쌓으면 100만 달러는 의자 정도의 높이에 이를 거야. 10억 달러를 쌓으면 당연히 그보다 훨씬 높겠지? 이건 하늘로 1킬로미터까지 올라갈 거야. 현재 세계에서 가장 높은 건물인 부르즈 할리파보다도 더 높아!

우주까지

이보다 더 대단한 건 1조 달러를 쌓아올리는 거야. 이걸 쌓으면 지구를 넘어서서 1000킬로미터 위까지 닿을 거야. 이건 우주가 시작되는 고도인 카르만라인을 지나서 한참 더 간 거야. 국제 우주 정거장도 지나치고 계속 가다가 지구에서 국제 우주 정거장까지의 거리에서 2.5배 더 간 곳에서 멈춰!

수학은 최상의 상태일 때도 꽤 어려워. 심지어는 백분율을 계산하는 것 같은 아주 간단한 계산도 꽤 어려울 때가 있어. 특히 머릿속으로만 계산하려고 하면 더 어렵지. 하지만 백분율을 계산하는 놀랄 만큼 간단한 방법이 있어. 아마 학교에서는 배우지 않았을 거고, 이것만 알면 상황이 손바닥 뒤집듯 달라질 거야. 자, 이 비밀의 방법이 뭐냐고?

X의 Y% = Y의 X%

예를 들어 머릿속으로 75의 20%를 계산해야 한다면, 네가 할 일은 그걸 뒤집어서 20의 75%를 계산하는 거야. 이게 훨씬 쉬우니까 금방 15라는 답을 찾을 수 있지.

이 엄청 쉬운 요령은 어떤 숫자에도 전부 다 통해. 50의 28%를 계산하려면 머리가 터질 것 같겠지만, 28의 50%는 어때? 바로 14라고!

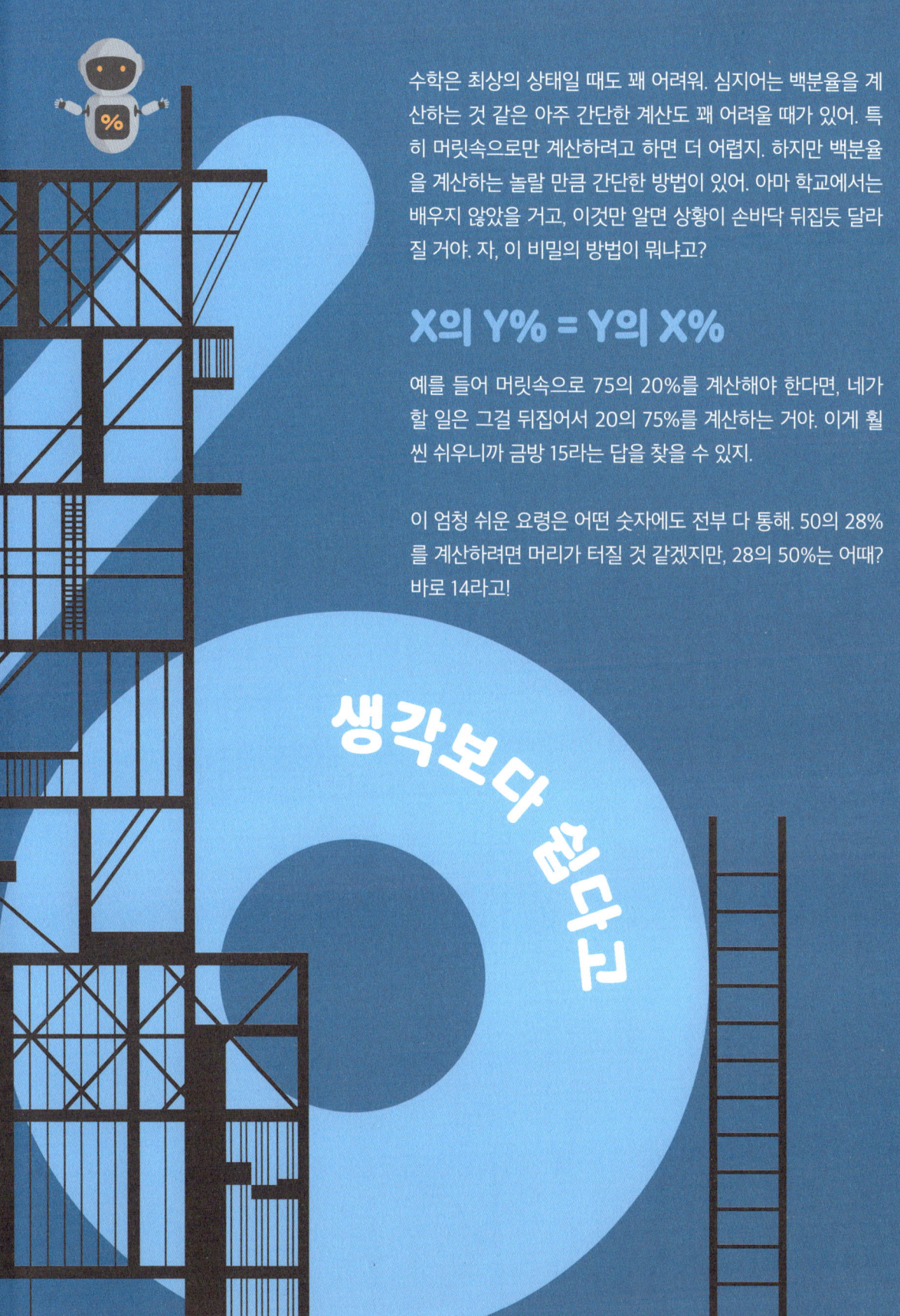

생각보다 쉽다고

수학

빠진 숫자는 뭘까?

여러 가지 색깔이 들어간 원에 7개의
숫자가 있어. 여덟 번째 숫자는 뭘까?

정답: 20
숫자들은 맞은편의 숫
자와 더하면 그 합이
24가 돼.

수학

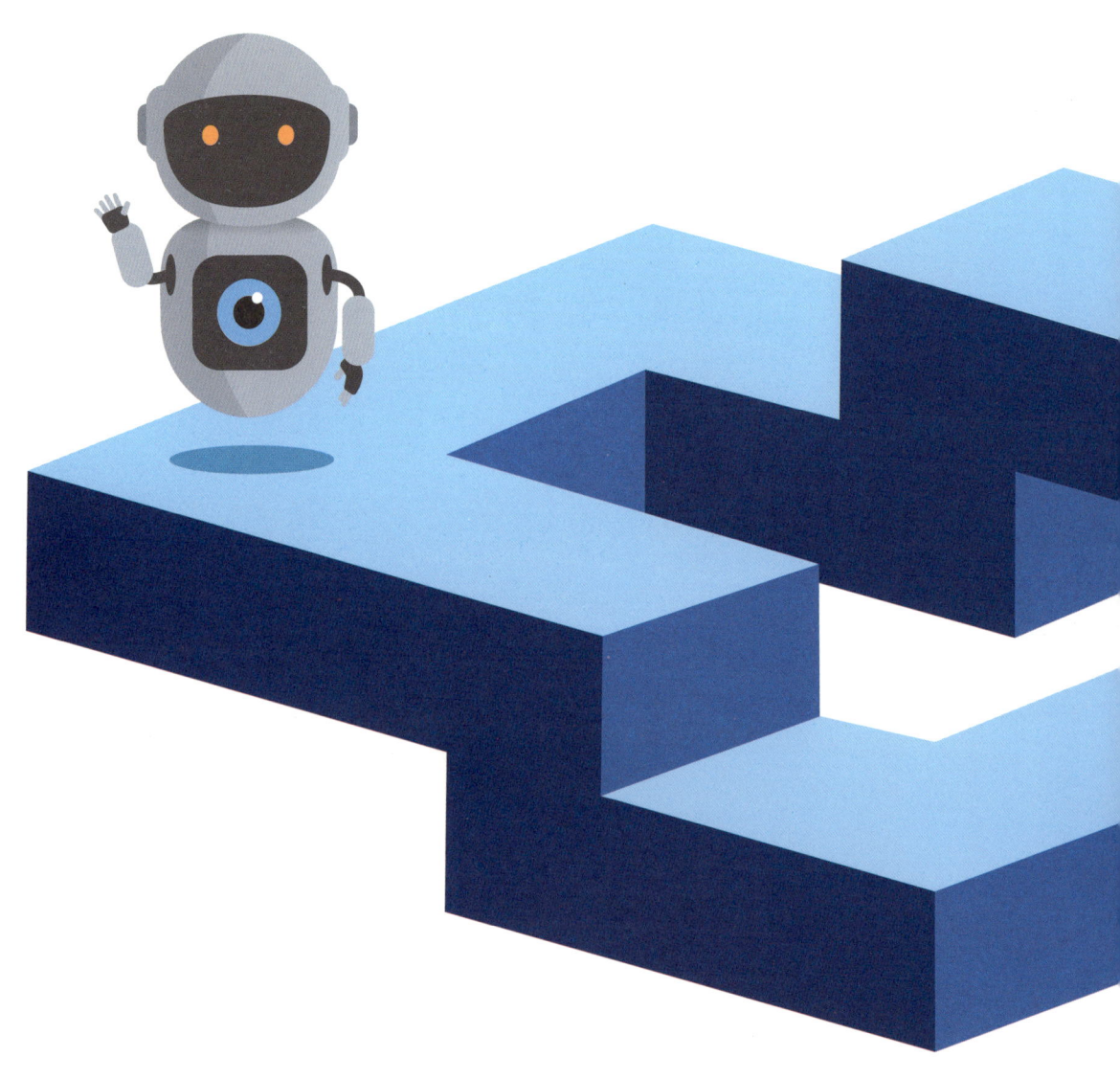

불가능한 계단

위에 있는 계단은 얼핏 평범한 계단처럼 보이지만, 계단을 따라가다 보면 이 구조가 불가능하다는 걸 알게 될 거야! 이 계단에 올라서는 사람들은 누구나 끝없이 올라가거나 끝없이 내려가게 돼! 이 그림은 불가능한 물체의 예이고, 스웨덴의 그래픽 아티스트 오스카 로이터스배르드가 고안한 거야.

위로 아래로

또 다른 불가능한 물체인 펜로즈 계단이야. 수학자 라이오넬 펜로즈와 그의 아들 로저 펜로즈가 네덜란드의 그래픽 아티스트 M.C. 에셔에게서 영감을 받아 만든 거야.

착시

우리의 정신을 좀더 유연하게 만들기 위해서 펜로즈 부자는 불가능한 삼각형도 만들었어. 이건 투시도 형태로 그려져서 착시를 일으키는 또 다른 헷갈리는 수학적 물체로, 현실에서 3차원 물체로 존재할 수는 없어.

수학

매미는 소수를 사용해

소수는 1보다 큰 정수 중에서 1과 자기 자신을 제외하면 어떤 정수로도 나누어지지 않는 수야. 예를 들어 5가 소수고, 2, 7, 11, 13, 53, 71도 소수야. 이런 수학적 특성이 그리 독특하지 않은 것처럼 들릴 수도 있지만, 소수는 굉장히 특별해. 특히 매미한테!

땅속의 삶

여름밤에 매미들의 소음 때문에 잠을 설친 적이 있다면, 너도 이 날개 달린 곤충의 팬은 아니겠지. 매미의 인생 주기는 좀 이상해. 삶의 거의 대부분 기간을 땅속에서 보내고, 마침내 바깥으로 나오면 인생을 즐길 시간도 없이 재빨리 짝을 찾아 새끼를 낳고는 죽어.

7, 13, 17

일년생 매미들은 매년 모습을 드러내지만, 주기매미는 땅속에서 훨씬 오랫동안 머무르다 7년이나 13년, 심지어는 17년 주기로 나타나. 이 숫자는 전부 소수야!

유리하게 이용하기

매미가 소수를 사용하는 건 우연일까? 오랫동안 우리는 그렇다고 생각했지만, 지금 보기엔 이 곤충 수학자들이 지금까지 자기들에게 유리하도록 소수를 사용해온 것 같아. 그것도 계산기도 쓰지 않고서 말이야!

동기화

매미가 나타나는 시기에 전략적으로 불규칙한 공백을 두는 게 유리한 또 한 가지 이유는 포식자가 그들의 번식 주기와 기간을 맞추는 걸 방지할 수 있거든. 3년 인생 주기를 가진 포식자는 17년 주기적 매미와 51년에 한 번씩밖에 만날 수가 없어.

식량 전쟁

예를 들어 13년 인생 주기를 가진 매미와 17년 인생 주기를 가진 매미는 거의 만날 수가 없어. 두 종의 매미들이 함께 밖으로 나오게 되면(221년에 한 번) 매미 숫자가 어마어마하게 많아질 테니까, 같은 식량을 두고 경쟁할 일이 거의 없다는 건 참으로 편리하지.

수학

어떤 숫자들은 우주보다도 더 커

우주의 거대함을 설명하기 위해서는 굉장히 큰 숫자들을 사용해야 해. 우주는 약 140억 년 됐고 끝에서 끝까지 930억 광년 거리야. 하지만 우주 그 자체보다 사실상 더 큰 숫자도 있어. 이 숫자들은 하도 커서 우주에 이걸 다 쓸 공간이 없을 정도야.

84

같이 해볼까?
구골을 한번 써볼래? 오래 걸려도 괜찮아. 0을 몇 개 썼는지 신중하게 세어봐.

구골 googol

유명한 검색 사이트 이름과 굉장히 비슷한 단어 같지만(실제로 구골의 이름으로 장난을 쳐서 만든 거야) 구골은 1 뒤에 0이 100개 붙는 숫자야. 10^{100}이라고도 써. 구골을 관측 가능한 우주의 원자 숫자와 비교하면, 구골 쪽이 훨씬 더 커.

우주의 원자

원자는 별, 행성, 혜성과 소행성까지 우주의 모든 단일 물체들을 구성하는 요소야. 과학자들은 관측 가능한 우주에 있는 원자의 총 숫자를 계산했는데, 최대 10^{82}개 정도야. 이건 1 다음에 0이 82개 있는 거지!

구골플렉스 googolplex

구골플렉스는 구골보다 더 커. 이건 10^{googol}이라고 쓰는데, 굉장히 커서 우주에 다 담을 수가 없을 정도야! 말 그대로 우주에 구골플렉스를 다 적을 만한 공간도, 시간도 부족하거든. 설령 네가 1초에 0을 2개씩 쓴다고 해도 여전히 구골플렉스를 다 쓰려면 우주의 나이보다도 훨씬, 훨씬 더 긴 시간이 걸려!

찾아보기

ㄱ
감마선 32
공기 저항 24 25
과냉각 17
광섬유 41
광자 18 23
구골 85
구골플렉스 85
극초단파 32

ㄴ
나선형 59

ㄷ
단열 효과 17
대류 효과 17
동기화 83
드레이크 방정식 65

ㅁ
마찰력 25
매질 41
맨해튼 프로젝트 21
모의 실험 가설 36

ㅂ
방사능 12 13 33
백신 39
부싯깃 47

ㅅ
삼중점 17
선발 번식 29
숙주 44
시뮬레이션 36 37
시버트 13
시에르핀스키 삼각형 62

ㅇ
아원자 입자 12
아이작 뉴턴 34 35
알베르트 아인슈타인 19 35
양자 얽힘 18
양자역학 18 19
엑스선 13 32 33
원자력 발전소 15
원자폭탄 20 21
유령 입자 15
음펨바 효과 17
일식 70 71
입자 가속기 15

ㅈ
자외선 32 33 71
자이로 효과 26 27
적외선 32 33
전반사 41
전파 32
전파망원경 32 33
조상 모의 실험 36 37
중력 24 34 35

중성미자 14 15
진공 상태 25

ㅊ
착시 81

ㅋ
캐스터 이론 27

ㅌ
탱그램 54 55
특수상대성이론 22

ㅍ
파이 57
파장 32 33
펜로즈 계단 81
포타슘 12
프랙탈 62
피보나치 수열 58

ㅎ
해시계 48 49
핵분열 21
황금비 58 59

A
billion(10억) 74
million(100만) 74
trillion(1조) 74

잘 가

재미있게 읽었어?
머릿속에서 환상적인 새로운 사실들과
숫자들이 펄쩍펄쩍 날뛰고 있어?
모든 걸 다 이해하지 못한다 해도 걱정하지 마.
공부할 때 가장 멋진 게 바로 이런 거니까.
가끔은 이해하는 데 시간이 걸려도,
언제나 노력할 만한 가치가 있거든!

우리가 사는 우주에는 늘 새로운 배울 거리가 있어.
그러니까 눈과 귀를 항상 열어둬.
뭔가 새롭고 근사한 걸 발견한다면,
다른 사람에게도 꼭 이야기해주길 바라.

그럼 우선은 작별이야. 안녕.

지음 댄 마샬

댄은 어릴 때부터 그림을 그려왔으며, 창의적인 그래픽디자인과 삽화로 지식과 정보를 시각적으로 전달하는 작가예요. 그의 작업물은 시드니 오페라 하우스, 오스트레일리아 박물관, 페이스북 등에서 사용되었어요.

댄의 첫 번째 책은 《Mind Blown》이에요. 이 책은 그래픽디자인으로 기묘하고 복잡한 우주의 주제를 표현한 댄의 깊은 호기심과 열정 덕에 많은 사람에게 인기를 끌었어요. 댄의 두 번째 책은 0세부터 3세 어린이를 위한 《Look Book》이고, 《우주에는 환상적인 사실과 숫자들이 날뛰고 있어!》는 댄이 지은 세 번째 책이랍니다.

옮김 김지원

서울대학교 화학생물공학부와 동대학원을 졸업하고 서울대학교 언어교육원 강사로 재직했으며, 현재 전문 번역가 겸 작가로 활동하고 있어요.

옮긴 책으로 《벨 그린》, 《모든 것에 화학이 있다》, 《어쩌다 숲》, 《산책자를 위한 자연수업 1·2》, 《동물의 운동 능력에 관한 거의 모든 것》, 《잘못은 우리 별에 있어》 등이 있고, 엮은 책으로는 《바다기담》과 《세계사를 움직인 100인》 등이 있어요.

초판 1쇄 발행 2024년 1월 3일

지은이 **댄 마샬** 옮긴이 **김지원**
펴낸이 **정미화** 기획편집 **정미화 정일웅** 디자인 **조수정**
펴낸곳 **이케이북㈜** 출판등록 제2013-000020호 주소 서울시 관악구 신원로 35, 913호
전화 02-2038-3419 팩스 0505-320-1010 홈페이지 ekbook.co.kr 전자우편 ekbooks@naver.com

ISBN 979-11-86222-56-0 74400
　　　979-11-86222-53-9 (세트)

* 이 책은 저작권법에 따라 보호받는 저작물이므로 무단 전재와 복제를 금합니다.
* 이 책의 일부 또는 전부를 이용하려면 저작권자와 이케이북㈜의 동의를 받아야 합니다.
* 잘못된 책은 구입하신 곳에서 바꿔드립니다.

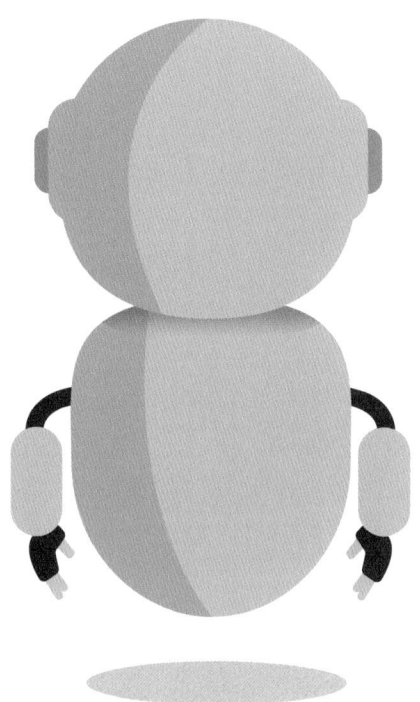

홀리와 밀리, 위니를 위해서
사랑한다

우주에는 환상적인 사실과 숫자들이 날뛰고 있어!

① 우주와 지구
② 인간과 동물
③ 과학과 수학

로봇 조수 클라우스와 함께 떠나는 우주 발견 여행

우리 주변의 기이하고 경이로운 이야기

우리가 사는 세상을 이해하기 위해서는
어마어마하게 놀라운 상상력과 우주보다 더 큰 숫자들이 필요해!

너 혹시 알아…?
천왕성은 우주로 기체를 뿜어낸다는 걸?
하품은 평균 6초 동안 한다는 걸?
지구에 3조 그루가 넘는 나무가 있다는 걸?
거미의 줄은 강철보다 다섯 배 더 강하다는 걸?
자전거가 혼자서 갈 수 있다는 걸?